KB217912

좋은 언어로 세상을 채워야

한가문연 소책 003

좋은 언어로
세상을 채워야

구중서 지음

꼬무니오

머리 말

한 처음, 천지가 창조되기 전부터 말씀이 계셨다. 말씀은 하느님과 함께 계셨고, 하느님과 똑같은 분이셨다. 모든 것은 말씀을 통하여 생겨났고 생겨난 모든 것이 그에게서 생명을 얻었으며 그 생명은 사람들의 빛이었다. 그 빛이 어둠 속에서 비치고 있다. 그러나 어둠이 빛을 이겨본 적이 없다.^{요한 1:1~4} 이것은 성서의 말씀이다. 그러나 일상 속 우리의 삶은 마을의 골목 안에 있다. 뜻이 하늘에서와 같이 땅에서도 이루어져야 한다. 그리하여 우리는 문학과 인문학을 통해 편하게 여러가지 이야기를 하게 된다.

이 세계와 나라의 모든 일이 늘 어렵게 되어 돌아간다. 그 어려움의 원인과 해결책이 모두 '말'에 달려 있다. 약속한 말들이 지켜지지 않으니 앞으로도 누구의 말을 믿기가 어렵다. 어떤 말을 한 사람의 본심과 진실부터 의심하게 된다.

꼭 한 마디의 말을 잘못 함으로써 활동의 앞길이 영원히 끊겨 버리는 정치인들이 있다. 입으로만 허프게 하느님을 들먹이는 이들은 거룩한 이름을 욕되게 한다. 좋은 언어에 반드시 실천이 따라야 한다.

한 마디의 말이 사람을 죽일 수도 살릴 수도 있다. 세상의 모든 일은 사람들이 하기 나름이다. 모든 경우가 자업자득이며 사필귀정이다. 이것이 보편적 가치의 질서이다. 그러면서 먼저 중요한 것이 말이며 인문적 지성이다.

인문학, 인간다움의 문화 안에서 모든 것을 말하고 모든 창조적 노력을 다해야 할 것이다. 좋은 언어로 대화를 하면서.

2014년 봄
구중서

차례

III. 인문학이 먼저다

IV. 보편적 가치의 문학

창조의
언어

좋은 언어로 세상을 채워야

신동엽 시인은 1969년에 마흔의 나이로 일찍 세상을 떠났다. 그가 문단 생활을 한 것은 10년 동안이었다.

그의 별세 후 6년 만인 1975년에 창작과비평사가 한 권의 분량으로 『신동엽전집』을 내면서 발간사에서 다음과 같은 말을 했다. "그의 문학사적인 무게는 이보다 훨씬 호화로운 몇 권의 전집을 꾸민다 하더라도 결코 지나친 대접이랄 수는 없다." 그러나 형편 닿는 대로 이 시인의 글들을 우선 한 군데 모아 독자들 앞에 내어놓는 일이 절실하다고 했다.

이러한 절실성에도 불구하고 『신동엽전집』은 발간된 직후에 정부의 긴급조치 제9호에 위반된다고 판매금지 처분을 당했다. 그 위반의 이유가 무엇이라는 논리적 설명은 수사기관이 끝내 밝히지도 못했다. 이 판금 조치는 1980년에 다시 풀렸다.

신동엽의 시세계는 장편 서사시 「금강」이 동학 농민혁명을 다룬 것이고, 시 「껍데기는 가라」가 반외세의 인상을 띤다는 점에서 군사 독재 정권으로 하여금 위협을 느끼게 한 것 같다.

그러나 신동엽 시세계의 본질은 민족의 평화와 이상이다. 서사시 「금강」에서 보면 서두가 역사를 짓누르는 검은 구름장을 찢고 하늘을 보듯이, '영원의 얼굴'을 보는 것이다. 전봉준이 농민들과 더불어 고부관아를 쳐들어가는 장면도 바람이 밀려가듯이 조용한 분위기이므로 오히려 긴장을 조성하고 있다.

「껍데기는 가라」의 한 마디 절창은 비본질적인 것이 아닌 씨앗 알맹이의 사상이다. 신동엽의 화법에 의하면 낙엽이라는 차수성 차원보다 뿌리라는 원수성原數性 차원을 추구하는 것이다. 인간과 세계의 끝없는 내면적 깊이를 그는 추구했다.

이러한 정신적 뿌리를 가지고 실상 그가 취하고 싶어 한 삶의 모습은 부드럽고 조용한 것이었다. '나의 설계'라는 부제가 달려 있는 그의 산문 「서둘고싶지 않다」는 노자 사상을 인용하고 있다. "큰 나라를 다스리는 일도 작은 생선을 지지듯이 해야 한다[若烹小鮮]."

작은 생선을 지지면서 거칠게 수선을 피우면 뒤집고 뒤집고 하는 동안에 다 부서져 남는 것이 없게 된다. 큰 나라를 경영하는 정치라 해도 섬세하게 공을 들여야 한다는 것이다. "나도 내 인생만은 조용히 다스려보고 싶다"고 그는 말했다. 그의 시 「좋은 언어」는 이처럼 차분한 생각을 더 진지하게 펼쳐 보이고 있다.

외치지 마세요.
바람만 재티처럼 날려가 버려요.

조용히 당신의 자리를 아래로 낮추세요.

그리구 기다려 보세요.
모여들 와요.

하거든 바닥에서부터
가슴으로 머리로
속속들이 구비돌아
적셔 보세요.

허잘 것 없는 일로 지난 날
언어들을
부려만 먹었군요.

때는 와요.
우리들이 조용히 눈으로만
이야기할 때

허지만
그 때까진

좋은 언어로 이 세상을
채워야 해요.

나는 이 시를 신동엽의 대표작으로 보고 싶다. 더 무슨 말이 필요 없을 정도이다. 세상에는 좋은 언어와 좀 부족하거나 좋지 못한 언어도 있다.

좋은 언어는 존재하는 것들의 깊은 의미를 되새겨 보는 언어다. 이러한 언어는 비로소 존재를 실현하고 해방하며 승화시켜 영원에 이어지게 한다. 좀 부족한 언어는 나쁘지는 않지만 실용적인 한계에서 멈추는 기능이다. 과학자가 물을 가리켜 H_2O라고 할 때 용도와 연구의 면에서는 이것도 필요하다. 그러나 언어가 개진할 수 있는 엄청나게 더 큰 의미에는 이르지 못한다.

철학자나 시인이 '물'이라고 할 때 이 언어의 폭과 깊이는 훨씬 크고 깊다. 노자가 말했다. "최선은 물과 같은 것이다[上善若水]." 굳어진 흙 언덕을 돌로 때리면 튀고 끝난다. 그러나 부드러운 물로 스며들면 녹여서 무너뜨리고 흘러갈 수 있다. 흐르면서 물은 생명 있는 풀포기와 농작물의 뿌리를 키운다.

그러면서 물은 스스로 낮은 데를 좋아해 사방 계곡의 시내가 편하게 흘러 들어와 강과 바다를 이루게 된다[江海善下]. 바다는 오하일미[五下一味] 보편의 진리와도 같은 것이다. 물을 철학적으로 생각하고 시로 표현하면 이렇게 큰 존재와 진리의 세계가 구현된다.

그런데 좀 좋지 못한 언어도 있다. 그것은 거칠고 욕이 되는 뜻에서 쓰는 언어다. 이러한 현상은 후진적 정치 분야 같은 데서 나타나곤 한다. 가령 어떤 문화예술 단체의 사업을 정부가 지원하는 관례가 있다. 그런데 한 통의 공문으로 "불법 시위에 가담하면 지원한 돈을 반환하고 모든 책임을 져야 한다"는 확인서를 써달라고 한다. 이 지원금은 국민의 세금으로 조성된 것이고 나라의 격조를 질적으로 드높이기 위해 마땅히 정부 기관이 전달하는 것이다.

어떤 단체가 법에 저촉되면 그 사안을 법으로 가리면 될 것이다. 돈을 조건으로 문화예술단체의 자존심과 양심을 사전에 위협하는 것은 민망한 일이 아니겠는가.

또 한 정당에서는 내부에서 어떤 사안을 놓고 분열을 일으키는 와중에 외부에서 강도가 들어오면 우선 내분을 멈추고 힘을 합쳐 싸워야 할 것이 아니냐는 발언이 나왔다. 그러자 그 강도가 누구를 가리키는 것이냐 하는 문제로 논란이 확대되었다. 이 또한 민망한 일이 아닐 수 없다.

상선약수의 철학이나 「좋은 언어」의 시에 비하면 정치 분야의 현상이 하늘과 땅 같은 차이를 느끼게 한다. 모쪼록 좋은 언어로 이 세상을 채워나가야 할 것이다.

전경인적 삶의 향수

　고 신동엽 시인의 산문 「시인정신론」에 '전경인적全耕人的 시혼'이 강조되어 있다. 그의 이론에 의하면 첫째 향기로운 흙가슴으로서의 대지가 있고, 둘째 분업문화 속의 맹목적 기능세계가 있고, 셋째로 대지에 되돌아가 전경인적 인간성을 회복할 줄을 알고 최대재最大在를 누리는 단계가 있다고 하였다.

　이 순환과정 속에서 현대의 대부분의 시인들은 분업문화 속의 맹목적 기능자로서, 글자를 다루는 기술로써 시를 만들어 내는 일종의 시업가詩業家가 되어 있다고 비판하였다.

　그가 돌아가고자 한 경지로서의 전경인적 인간의 자리는 종합된 삶을 누리고 회복된 인간 본성과 자연을 지니는 상태를 말한다. 이러한 우주적 순환이론은 원래 동양의 옛 현철 노자에게서 나왔다. 그는 말하기를 "무성한 풀과 나무의 잎과 꽃은 시들어 떨어져 그 뿌리에 되돌아간다. 뿌리에 돌아가는 것은 천명에 따르는 것이다. 천명에 따름은 영원불변하는 이치이다" 하였다.

오늘날 시를 쓰고 소설을 쓰고 비평을 한다고 다들 나름대로 바쁘지만, 시대상황이 너무 산만하고 몰가치화가 너무 조장되어 있어 문학을 위해 문학을 한다는 자체가 맹목적 도로徒勞처럼 보이기도 한다.

신동엽이 말한 전경인은 농사에 한정시킨 의미가 아니고 본성, 자연, 종합을 누리는 사람을 가리킨 것이다. 이러한 삶의 경지에 따라 시인·소설가를 찾아보면 아프리카에 그런 사람들이 있다.

케냐의 대통령이었던 케냐타가 탁월한 소설가였고, 세네갈의 대통령 상고르가 또한 탁월한 시인이다. 케냐타는 일찍이 마우마우단에 가담했었고, 케냐의 독립을 위한 투쟁에 평생을 바친 의지의 사나이인데 그의 소설을 보면 퍽 감수성이 있고 재미가 있다. 『마술사 기비로의 예언』이란 소설에서 보면, 아프리카 나라에 이상하게 생긴 이국인들이 들어오는데 불을 뿜는 지팡이를 든 사람들과 지네처럼 발이 많이 달린 큰 쇠뱀이 바닷가로부터 들어온다. 그렇게 되면 나라와 나라가 무자비하게 싸우게 되고 자식들이 부모를 학대하게 될 것이라는 마술사의 예언이 나온다. 이것은 영국 사람들이 케냐를 침략하게 될 것에 대한 예언의 화법이다.

상고르는 프랑스 시단에서도 높은 지위를 갖는 시인이요 철학자이지만 세네갈의 독립을 위해 투쟁하였다. 이러한 상고르이지만 알제리아의 독립문제에 관해서는 반아프리카적 태도를 취한 일이 있다고 프란츠 파농에 의해 비판을 받기도 하였다. 이러한 비판의 견제 기능까지 있어서 아프리카의 각 민족문화 및 민족문학은 싱싱하게 성장하고 있는 것으로 보인다. '민족문학'이란 말이 근래에 한국에서도 자주 쓰였고 민족문학을 둘러싼 활발한 토의들도 있었다. 그런데 서구인이나 서구식 견해를 지닌 이들이 보기에는 이 '민족문학'이란 말이 못마땅한 모양이다.

최근에 미국 아이오와 대학에서 열린 세계작가 워크숍에 다녀온 한 비평가의 이야기를 들으면 "한국은 아직도 독립이 안 되었는가? 왜 민족문학을 강조하는가, 또 남북통일이 안 되면 어떤가? 독일처럼 분단 상태에서 그냥 잘 살면 그만인데 분단극복의 문학주제가 왜 강조되는가?"라고 묻더라는 것이다.

한국은 아프리카나 라틴 아메리카보다는 문화적으로 경제적으로 발전한 상태에 있다. 그러나 한반도의 분단 상황이란 것은 역사적으로 지역적으로 전에도 분단이 되었던 독일의 경우와는 다르며, 이 분단은 한국 민족의 '독립 이전의 상태'를 의미하는 것이 사실이다.

또 현대 지성인의 상황에서 '민족문학'을 주장하는 것은 국수주의라든가 쇼비니즘의 성향을 띠는 것이 아님은 물론이고, 오히려 도덕적으로 분해된 서구의 문화 및 문학과 달리 인간적 가치의 전통과 지역문화의 개성을 꽃피우려는 창조적 정열을 뜻한다.

오늘의 한국적 상황은 정치적 분단의 비극 뿐 아니라 동서냉전에서 빚어질 수 있었던 온갖 나쁜 정신질환들마저 뒤집어쓰고 있어 숨이 막힐 지경이다. 자유와 민주주의가 이 땅에서 한 번도 제대로 꽃피어 보지 못하고 시련의 거센 바람을 맞고 있는 것도 그 정신질환의 탓이다.

　이럴 때엔 참으로 문제해결이 근본적인 차원에서 재고되어야 한다. 이것은 천명의 사상을 상기시킨다. 종합을 모르는 분업문화 속에서 맹목적 기능인으로 부분적인 실리에 모두들 눈이 어두워지면 도덕적 파탄을 면할 수 없다. 도덕이 파괴되면 옛 로마와 같이 영광에 싸였던 사회도 무너져 버린다. 향기로운 흙가슴 대지에 돌아가 인간 본성을 회복한 전경인적 문학인이 요청된다.

　이런 단계의 문학정신은 천명과 종교와 철학과 함께 영원히 남을 것이다. 이러한 전망, 이러한 깊이에서 현대 한국의 문학정신이 새로이 마련되면 이 땅에서 새 역사를 창조하고, 변화를 일으키는 누룩의 역할을 할 수 있을 것이다.

하나의 진리로 가는 다른 길들

　　근래 우리 사회에서 불교계가 정부의 종교 차별 정책에 반대하는 가두시위를 한 일이 있다. 이명박 대통령 정부가 특히 불교계를 업신여긴 시책 사례들을 들며 항의를 표시한 것이다.

　　이명박 대통령은 그리스도교의 개신교 신자이다. 그가 서울특별시장으로 재직하던 당시에도 "서울시를 하나님에게 바친다"는 발언을 했다고 알려져 있다. 한국에는 종교의 자유가 있고 국민 중에는 그리스도교 신자가 아닌 이들이 많이 있는데 고위 공직자가 자신의 신앙에 치우쳐서 독선적이고 편협한 언행을 한다고 사회여론으로부터 비판을 받았다.

　　이명박 대통령 정부가 출범한 이후에 정부 기관 여기저기에서 불교계의 불평을 살 일들이 있었다. 국무총리가 나서서 불교계에 대해 사과를 했고, 앞으로 정부가 종교계를 상대로 차별 정책을 쓰는 일이 없도록 하겠다는 약속도 하였다. 그러나 국민의 심중은 대통령이 속한 개신교 특정 종파의 성향에 미루어 독선적 신앙 태도를 은연중에 우려하고 있다.

개신교 일부 종파의 폐쇄적이고 광신적인 신앙 태도는 실상 미래의 통일 시대를 전망하는 데도 적지 않은 문젯거리로 우려하는 여론이 없지 않다. 남북통일의 경우 말고도 근래 중동의 이슬람교 지역에 대한 개신교 일부 교회의 무리한 전교 의욕이 현지에서 문제를 일으켜 인명의 희생을 초래한 일도 있다. 또 만주 연변 지역에서도 개신교계 일부 전교 활동이 문제를 일으키는 예가 있다고 한다. 하물며 남북의 국민이 함께 뒤섞이며 추진되는 통일의 상황이 온다면 그 때에 종교계가 과연 질서에 도움을 줄지 또는 갈등과 소란의 요인이 될지 우려하게 된다.

종교계 저변에 잠재하는 이러한 문제들을 생각하는 계기에 아예 역사 현실 안의 근본적인 문제의식에까지 생각을 확대해 보아야 한다.

원래 종교는 '진리'의 또 다른 이름이다. 그리고 종교는 세상을 위해서 있는 것이다. 그러니까 종교가 관여되지 않은 분야가 없다. 불교도 중생제도를 해야 하고 교회도 인간구원을 위해 사회참여를 해야 한다. 요는 인간답게 사는 사람들의 세상이 되도록 이바지하는 진리의 실현 과정에 종교가 있다.

'진리'를 말한다는 것이 또 얼마나 거창하고 어려운 일인가. 그러나 이 문제를 피하기만 할 수도 없다. 지금 전개되는 세계 현실의 문제도 다 이 종교에 관련되어 있다. 오늘날 세계의 대표적인 전쟁 지역이 중동의 이라크이다. 이라크 전쟁은 이슬람교와 그리스도교 세계권 사이의 전쟁이다.

전쟁은 인류의 가장 큰 불행이며 죄악이다. 따라서 전쟁을 일으키는 쪽이 죄인이다. 이라크 전쟁은 미국 개신교의 한 교파 신자인 부시 대통령이 주도해 일으켰다. 이 전쟁을 일으키려 하는 위협의 진행 과정에서 강박에 걸린 이슬람계 청년들이 미국 뉴욕의 9·11 대폭파 사건을 일으켰다. 그리고 이어서 일어난 이라크 전쟁은 현대판 십자군 전쟁인 셈이다.

지난 중세에 있었던 십자군 전쟁은 그리스도교의 종가인 천주교(가톨릭) 쪽이 이슬람 세계를 공격하느라고 일으킨 전쟁이었다. 전쟁은 어차피 대량살육의 참극이 된다. 십자군 전쟁을 일으킨 역사적 과오에 대해 가톨릭 교회는 전 세계에 향해 사죄 성명을 발표한 바 있다.

그런데 그리스도교의 개신교 쪽에서 다시 현대판 십자군 전쟁을 일으켰다. 과연 전쟁에 의해 이슬람 세계가 소멸하겠는가. 그런 일은 불가능하다. 그리스도로서도 자신이 생존한 당시에 획일적이고 독선적인 신앙 태도에 대해 나무란 사실이 있지 않은가. 말로 하느님을 섬긴다고 하는 유대인보다 선행을 실천한 이방인 사마리아 사람이 더 훌륭하다고 칭찬한 이가 그리스도이다.

성경에서 보면 하느님이 자신의 모습대로 인류를 창조했다고 하는데, 유대인만 하느님을 닮았는가. 이슬람권 사람들도 동양인도 불교 신자도 인간은 다 같은 모습으로 생겼다. 다만 사람들이 각 지역세계의 문화전통 안에서 자신들의 언어와 풍습을 가지고 살면서 삶의 가치를 찾아 진리를 향해 걸어간다. 그 과정의 모습이 개성적일 뿐이다.

가톨릭 교회는 1965년에 제2차 바티칸공의회를 통해 「그리스도교가 아닌 종교들에 대하여」라는 선언을 채택하였다. 그 내용은 힌두교 · 불교 · 이슬람교 등 모든 종교 안에 있는 옳고 성스러운 것에 대해 존중하며, 함께 사랑 안에서 대화해야 한다는 것이다. 이어서 1998년에는 「신앙과 이성」이라는 선언을 발표해 부처의 설법, 공자 · 노자 · 아리스토텔레스의 저작들 속에서 인간에 대한 근본적인 질문들을 보아야 한다고 하였다. 그리스의 델피 신전 문설주에 새겨진 "너 자신을 알라"가 계속해서 철학 명제가 되어 오는데, 나 자신을 알고 나면 또 어떻게 할 것인가. 결국 "진리가 그대들을 자유롭게 하리라"에 귀착한다. 여기에서 이성적인 철학과 계시의 신앙이 함께 만나며, '만남'은 서로를 풍요케 한다는 것도 또 하나의 명제가 된다.

16세기에 서양인 신부 마테오 리치가 중국에 들어와 『천주실의』라는 책을 펴냈다. 그 속에서 그리스도교는 '하느님'과 중국 유학의 '상제上帝'가 같은 것으로 우주의 창조주를 가리킨다고 하였다. 그런데 불교의 공空과 노자의 무無는 '허무'를 뜻하는 것이라고 비판하였다. 마테오 리치는 동양사상에 적응하려고 노력했지만 불교와 노자를 이해하는 데서는 한계를 드러냈다.

불교의 공은 표현하기가 어려운 절대적 실재實在를 가리킨다. '색色'은 형상적 구체성을 가리키면서 '공'과 병존한다. 공즉시색 색즉시

공이다. 작은 겨자씨 안에 큰 우주가 있고 우주 안에 겨자씨가 있다는 것이다. 노자의 무는 무위자연無爲自然이다. 진리에 모자라지 않을 만큼 크고 깊은 생각들이다.

마테오 리치의 한계를 거치고 나서 이제야 진리가 동양과 서양을 일치시키면서 각기 개성 있는 꽃으로 만나 서로를 풍요케 할 수 있다고 생각해야 한다.

현실 속의 천사

천사는 하느님의 뜻을 세상에 전하는 역할을 한다. 그리스도교가 계시종교이니 만큼 하느님과 천사와 하느님의 아들 그리스도를 성경의 기록대로 믿는 것이 미덕이다.

그러나 하느님의 아들이 세상에 왔다는 것이 하나의 기적으로 여겨지고 마는 것은 아니다. 하느님의 아들 그리스도는 세상의 인간들을 구원하기 위해 오셨다는 목적을 지니고 있다. 이것은 분명히 현실적인 의미를 지니는 일이다.

현실을 위해서 현실적인 이치에 맞게 하는 일이 아니라면 기적이라든가 영성적인 일이 이해되거나 인정되지도 못한다. 세계의 역사 안에 전해 오는 신화와 전설도 인간 사회의 현실에 관련되는 어떤 의미를 지니고 있다. 종교적 영성 차원의 기적과 같은 일도 마찬가지로 인간 사회의 현실에 관련되는 의미와 가치를 지니므로 이해되고 인정되는 것이다.

가톨릭 교회의 레지오 마리에 운동은 성모님의 발현을 통해 계시를 받아 구소련의 회개를 기도해 왔다. 1980년대까지만 해도 사람들은 이와 같은 기도 운동의 현실성에 대해 이해하기 힘들어하는 경향이 있었을 것이다.

그런데 1989년 12월에 소련의 정치 지도자인 고르바초프가 외국 여행을 하던 길에 로마 바티칸에 들러 요한 바오로 2세 교종을 알현하였다. 이 때 고르바초프는 소련 공산당의 서기장이고 이데올로기적으로는 무신론자였다. 서로 대화의 시간을 가진 끝에 교종이 고르바초프에게 제안하였다. "우리 함께 인류의 보편적 가치를 위해 기도합시다." 이 제안에는 논리적으로 유신론과 무신론, 신자와 비신자의 문제가 없었다. 고르바초프는 교종과 함께 기도하는 데에 응하였다. "인류의 보편적 가치를 위하여."

그리고 고르바초프가 소련에 돌아갔는데 그는 바로 페레스트로이카^{개혁} · 글라스노스트^{개방} 정책을 소련 정계에 전개하였다. 이것이 도화선이 되어 결국 구소련은 1991년에 공산당을 해체하고 대통령 중심제로 나라를 민주화하는 길에 들어서게 되었다. 아울러 소련 연방의 여러 지역 국가들이 연방체제에서 이탈해 독립하게 되었다. 이탈하지 않은 지역만으로 러시아가 재출범하게 되었다.

미국에 대립해온 강대국 소련이 어떻게 이처럼 갑자기 스스로 붕괴하였을까. 이것은 하나의 큰 기적과도 같은 일이었다. 그런데 이

기적의 주인공이 미하일 고르바초프이다. '미하일'이 무엇인가. 바로 '미카엘' 대천사이다.

미카엘 고르바초프는 소련이라는 거대한 국가를 붕괴시켰는데 그는 아무런 반발에 부딪히지도 않았다. 그는 과거에 독재 권력으로 인민의 인권을 탄압했다든가 부정축재의 과오를 저질렀다는 지탄을 받지도 않았다. 권력의 자리에서 물러난 후 그는 인류의 평화를 위해 세계 여러 나라에 강연을 하러 다닌다.

고르바초프의 위상이 이렇게 될 수 있는 데에도 이유가 있다. 모든 현실적인 변화에는 이유가 있다. 구소련의 소설가로서 노벨문학상을 받은 솔제니친이 1973년에 「소련 지도자들에게 보내는 편지」를 썼다.

이 편지의 내용은 그의 소설 『이반 데니소비치의 하루』와 『수용소군도』에 나오는 인권의 문제 차원이 아니다. 소련 공군의 전투기 편대들은 하느님이 만든 공간과 시간을 폭발하는 듯한 굉음으로 끝없이 파괴하고 있다. 소련 국민에게 고요한 평화를 되돌려 주어야 한다. 산업화·도시화·군사강국화의 뒷전에서 자연을 토대로 하는 농업은 낙후일로에 있다. 러시아는 수세기 동안 곡물을 수출한 나라인데, 볼셰비키 혁명 후 55년이 지나고 집단농장 제도가 생긴지 40년이 지나자 해마다 2천만 톤의 곡물을 외국으로부터 수입해야 하는 나라로 전락하였다. 눈먼 동지를 잘못 따라왔으니 돌아서자고 척후병들이 외쳐도 때는 이미 늦었다. 기력이 쇠진해 돌아갈 수도 없다.

그 혁명과 진보에 처음부터 '자유'의 권리는 없었고, 끝없는 계급투쟁만 있었으니 일당 독재가 나라를 동맥경화로 병들게 하였다. 이것이 구소련을 붕괴시킨 이유이다. 아직도 러시아는 제대로 민주화를 이루기도 전에 마피아 조직의 암약 속에서 타락의 길에 빠져드는 어려움을 겪는다고 한다. 그러나 그 옛날 공산당 독재 시절로 돌아가자는 사람은 아무도 없다. 발전의 가능성인 '자유'의 기본 개념을 되찾은 것만으로도 기적과 같은 변화를 이룩한 것이다.

사람이 살아가는 일, 사회가 발전하는 일은 실상 끊임없는 기적과 신비의 연속이다. 이만큼 인간의 일상 속 삶이란 힘에 겹고 박진한 상황이다. 그리하여 사람들은 소설을 쓴다. 소설의 원리는 '허구'이다. 그러나 그 허구는 있을 수 있는 일, 개연적인 사실이다. 예술로 재창조된 그 허구는 실제보다 더 실감 있는 현실일 수 있게 한다.

이것도 기적과 같은 일이다. 기적은 신비이고 신비는 은총이고 은총은 섭리이고, 섭리 안에 천사의 역할이 있다.

"인류의 보편적 가치를 위하여" 미카엘 대천사가 세계사적 현실의 발전에 역할한 신비를 묵상하게 된다.

평
화
가

발
전
이
다

한국이 일제의 식민통치로부터 해방된 후 30년이 지난 오늘에 이르러 아직도 우리는 커다란 불행의 역사 속에 처해 있다. 이 불행의 대부분은 그 동안 잘 못 되어 온 정치현상에서 빚어지고 있다.

그리고 한국의 정치적 부조리는 반드시 국내인들의 잘못에서 생겨난 것만도 아니라는 사실을 전제적前提的으로 한 번 각성할 단계에 이르러 있다. 해방 직후에 국토를 남북으로 분단시킨 처사는 말할 것도 없고, 그 뒤 남한에서만이라도 민주주의의 진실된 성장과 민족통일의 촉진을 위해 우방 강대국들이 보여 준 성실성이 어느 정도였는지 새삼 회의를 금할 수 없다.

1970년대 초의 한국에 있어서도 민주주의 발전을 위해 선진 우방국들이 이 나라를 도와 주리라고 은근히 기대하기도 했다.

과연 미국이나 일본의 민간 세력인 언론기관이나 양심적인 지식인층은 한국에 있어서의 민주주의 발전에 관심을 가지며 지원의 뜻을 표하기도 한다. 그러나 정부대 정부의 관계에 있어서는 민주주의의 질質보다도 사무적이고 실리적인 면에 급급하는 경향이 있다. 여기에 후진국에서 뿐 아니라 선진국에서도 문제가 되고 있는 정체체제의 비인간화非人間化 현상이 있다.

체제와 정권은 너무 비대해진 조직력에 의해 가동되면서 인간성으로부터 떠나 하나의 거대한 기계로 변한다. 따라서 인간 개개인의 가슴에 들어 있는 보편적 양심은 기계적 체제로부터 소외당한다. 그리하여 각 정부는 정책의 척도를 국가별 '이기주의'에 두고 거기에만 충실하려 든다.

"구미 선진국에 사는 사람들의 수는 인류 전체의 28.7% 밖에 안되지만 세계 수익의 79%를 차지하고 있는 반면, 저개발국가에 사는 사람들은 세계 수익의 21%를 가지고 나누어 써야 한다. 또한 이 21% 마저도 매우 불공평하게 분배되고 있어, 극심한 저개발 지역에 사는 사람들은 세계 수익의 2~3%로 생계를 유지해야 하는 형편이다."『현실에 도전하는 성서』 인간은 영혼과 함께 '육신'을 가지고 태어난다. 이 극심한 가난은 인간을 인간 이하의 삶으로 몰아 넣으며, 여기에서 '인간상실'은 가장 철저히 빚어진다.

일본만 하더라도 경제적으로 한국과 협력하고 있는 것같이 보이지만 또한 자기네의 배를 불리고 있다. 이 사실은 일본의 한 경제학자西和未가 일본의 경제권에 들어간 한국을 이야기하면서 다음과 같이 밝힌 데서 자명해지고 있다. "1966년 말의 국교정상화 후 4년 반이 지난 69년 6월말 현재 4억3천여만 달러의 자금이 한국에 제공되었다. 연 평균 1억여 달러였다. 한편 수출은 연간 6억 달러를 넘어서게 되었으므로 결국 1억여 달러로 5억여 달러를 번 셈이다."^{조용범,『창조』}

한국의 정치는 이와 같은 근본적인 모순과 불균형 속에서 행해져 왔다. 이 속에서 그래도 일부층의 사람들은 기하급수적으로 큰 축재蓄財를 하기도 한다. 이러한 상황에서는 부정부패를 시정하기가 힘든다. 이와 같은 사태는 오늘날 제3세계권 후진지역 국가들 속에서 거의 공통적인 현상으로 나타나 있다.

후진지역의 이 정치적 부조리를 가리켜 브라질의 까마라 대주교는 거시적인 관점에서 '폭력의 악순환'이라고 말하고 있다. 실로 20세기 후반 이후로 세계 후진 지역의 정치문제는 어떤 책략적 입안立案으로써는 구제하기 어려운 상황에 이르러 있다. 또한 에리히 프롬의 분석주의라든가 마르쿠제의 반체제反體制 이론으로써도 해결의 길을 찾기가 힘들다. 이 문제는 거의 종교적 차원의 문제로서, 어떤 정당이 문제 해결을 모색할 때에도 역시 종교적 차원의 각성과 실천 방안을 내포하는 것이 지극히 바람직하다. 이 종교적 차원은 전 세계의 판도를 주시하면서 후진지역 사회로부터 '인간회복'人間回復운동을 전개하는 것이다. 정치의 개선 없이는 인간다운 삶이 불가능하며, 인간성을 빼놓고서 진실된 정치가 이루어질 수도 없다. 이와 같이 정치와 인간회복운동의 관계는 포괄적이고 보편적이며, 근원적 면에서 상호 보완補完을 필요로 하고 있다.

그러면서 인간회복 운동은 직접적 정치와 달리 독자적이고 항구적인 사명을 지고 곳곳에서 전개될 필요성이 있다. 이 운동은 하나의 '도덕적 힘'에 의거하는 것으로서 선진 사회에서는 사치와 이기주의에 의한 타락을 막고, 후진 사회에서는 권력의 횡포에 의한 부정부패를 막아야 하는 것이다.

특히 아시아, 아프리카, 라틴 아메리카 등 제3세계 후진 지역에서 인간회복운동은 그 무엇보다도 필요하다. 까마라 대주교는 이 제3세계 문제에 대해 다음과 같이 말하였다. "그리스도께서 오늘의 길을 걸어가면서 당신 어깨에 짊어진 것이 어떤 양¥인지 아는가? 착한 목자이신 그리스도는 오늘날 제3세계를 당신 어깨에 짊어지고 길을 가고 있다."『평화 혁명』

과연 빈곤과 부패와 폭력의 땅에서 쓰러진 '인간'을 다시 일으켜 세우는 운동은 현대 그리스도인에게 맡겨진 사명인 것이다. "그러므로 하늘의 너희 아버지께서 완전하신 것처럼 너희도 완전한 사람이 되어야 한다"마태 5,48 하신 그리스도의 말씀은 먼저 사람들의 마음에서 죄를 씻어내는 데서부터 시작하여 '세계의 인간화'라는 이상을 갖도록 가르쳐 주었다.

한국에서도 인간화의 촉진, 즉 '인간회복운동'은 바로 교회가 짊어진 사명이기도 하다. 오늘의 그리스도교는 지역사회의 타종교라든가 사회단체에 속해 있는 선의의 인간 형제들과 협력하면서, 역사를 발전시켜 가는 대열의 중심에 서고 또 선두에 서도록 부름받고 있다.

이 때 교회는 사태를 어떤 고정적인 방향으로 몰고 가려는 모험을 하지 않아도 된다. 교회는 다만 사람들로 하여금 '자유'를 누리게 하는 일을 돕는 봉사자의 위치에 서는 것이다. 자유 그것은 우리가 어떤 희생을 치르더라도 수호해야 하는 하느님의 고귀한 선물이다. 가장 깊고 높은 가치를 느끼면서 우리는 모든 사람에게 해방을 가져다 주어야 한다.

정치권이라 하더라도 "이 권력은 기계적이거나 폭군적인 형태로서가 아니라 무엇보다도 '자유와 책임의식'에 뿌리 박은 '도덕적 힘'이어야 하며, 이 힘은 전국민의 힘을 공동선共同善에로 향하게 해 주는 권력이어야 한다. '공동선'이란 개인과 가정과 단체가 보다 완전하게 보다 용이하게 자기 완성에 도달하게 하는 모든 조건의 총화를 의미하는 것이다."『현대세계의 사목헌장』

이와 같이 '인간회복은 자유와 공동선을 수반해야 하고 목적으로 삼아야 한다. 이와 같은 인간회복의 시대는 고된 노력을 거쳐서 얻어질 것이다. 그러나 우리는 불의를 보수保守할 것이 아니라 정의를 향해 발전해야 한다. "발전은 평화의 새로운 이름이다."

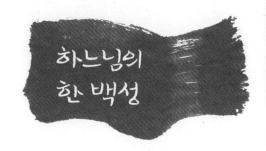

하느님의
한 백성

노끌부들 이야기

앞으로 첨단 과학과 기술이 더욱 큰 위력을 발휘할 것이라고 한
다. 이러한 시대에 신라 때의 옛이야기를 떠올리는 것이 비현실적이
라는 느낌을 줄 법도 하다.

신라를 되돌아보는 시각에는 여러 가지 유형이 있다. 일연 스님
이 지은 『삼국유사』에 관해서만 해도 그렇다. 가령 미당 시인은 신라
의 구름에서 향내가 난 것, 베 짜는 잉아의 실이 해에 연결된 것 등을
들어 기이한 이야기에 눈길을 주었다. 그러면서 현대에 사는 우리에
게 더 풍부해진 것이 없다는 뜻의 설명을 했다. 그러나 상상의 풍부
함이라 해도 그 기이한 내용은 결국 현실을 초월한 것일 뿐 삶의 현
실은 못 될 것이다.

이 밖에도 국문학계에서 역시 『삼국유사』의 주술적인 면과 신화적인 면을 연구한 논문이 많다. 그러나 우리는 신라에서 살아 움직이는 '인간'을 볼 수 있어야 할 것이다. 실로 신라에는 인간적인, 너무나 인간적인 사람들이 있었다.

그 중에는 옷을 벗고 인간애로서의 알몸을 드러낸 이, 서리도 앉지 않을 만큼 높은 잣나무 꼭대기처럼 드높은 이상을 지닌 이, 경직되지 않고 한없이 부드러운 성품을 지녀 진리에 도달한 이도 있었다.

신라 애장왕 때 황룡사의 스님 정수正秀는 어느 겨울 삼랑사라는 절에 다녀오고 있었다. 그 때 눈길에 한 여자 걸인이 쓰러져 아기를 낳고 있는 모습이 눈에 들어왔다. 아기와 산모를 그대로 두면 얼어 죽을 것이었다. 정수 스님은 입고 있던 옷을 벗어 이들을 감싸주고 자신은 알몸으로 황룡사에 돌아왔다. 그러나 절 안으로 들어갈 수가 없었다. 그는 마침 눈에 띈 볏짚 더미 속에 들어가 밤을 새웠다. 이 사실이 알려져 정수 스님은 국사로 책봉되었다.

신라 향가 가운데 「찬기파랑가」는 기파耆婆 화랑의 높은 이상을 형상화한 뛰어난 작품이다.

열어젖히매
나타난 달아
흰구름 좇아 떠감이 아닌가
아니, 시퍼런 내에
기파 화랑 모습이 있어라
여기서 냇가 자갈에

화랑이 서 지니신
마음의 끝을 좇고지어
아아 잣가지 높아
서리 모르올 화랑장

양주동과 홍기문의 향가 풀이를 비교해 정돈해보았다. 정신의 높은 차원, 끝 간 데 모를 이상이 신라 젊은이의 마음에 넘쳐나고 있다. 그뿐만 아니라 그들은 이상에 못지않게 겸허도 좋아했다.

신라 헌안왕 때에 이런 일도 있었다.

응렴應廉이란 이름의 젊은이가 화랑도에서 윗자리인 국선國仙이 되어 전국을 여행하고 서라벌로 돌아왔다. 헌안왕이 응렴을 대궐로 불러들여 물었다.

"랑이 널리 국토를 순례하면서 보고 느낀 것이 무엇인가?"

응렴은 다음과 같이 대답했다.

"신이 여행하는 동안에 미덕을 지닌 세 사람을 만나게 되었습니다. 첫째는 높은 지위에 있지만 겸손하여 다른 이들보다 낮은 자리에 앉는 사람이었습니다. 둘째는 부자이면서도 남들보다 검소하게 사는 사람이었습니다. 셋째는 권세를 가지고 있으나 사람들에게 위엄을 드러내지 않는 사람이었습니다."

왕은 이 말을 듣고 눈물을 흘렸다. 그리고 응렴을 사위로 삼은 후 왕위까지 물려 주었다. 그리하여 응렴은 신라 제48대 임금 경문왕이 되었다.

겸허보다 더 묘미가 있는 마음을 '부드러움'이라고 할 수 있을까.

이 부드러운 마음을 통해 진리를 터득한 이가 있다.

신라 성덕왕 때에 우리말로 '노골부들'이라는 이름과 '단단빡빡'
이라는 이름을 가진 두 사람이 있었다. 한자로는 노힐부득^{努肹不得}과
달달박박^{怛怛朴朴}이라고 『삼국유사』에 기록되어 있다. 향가 풀이에서
이채로운 업적을 보인 김선기 박사가 이 이름들을 현대어로 바꾸어
'노골부들', '단단빡빡'이라고 풀이했다.

장덕순 교수의 『한국문학사』는 신라의 향가 풀이로서 두 가지를
함께 실어놓았다. 하나는 양주동 박사의 풀이이며, 다른 하나는 김선
기 박사의 풀이다. 이만큼 국어학계에서 김선기 박사의 신라 향찰 풀
이가 비중을 인정받고 있다. '노골부들', '단단빡빡'의 풀이 근거는 "두
사람의 이름이 각기 지닌 성품을 뜻하는 우리말^{方言}이었다"라는 『삼
국유사』 원문의 주석에 의거하는 것이다. 노골부들은 오르내림이 자
유로워 약동^{躍動}하는 형이고, 단단빡빡은 절도를 지키기에만 고심하
여 고지식^{苦節}한 형이다. 이리하여 순수한 우리말로는 노골노골하고
부들부들하여 부드러운 성격과, 단단하고 빡빡하여 경직된 성격을
뜻한다.

과연 이 두 사람 노골부들과 단단빡빡에 얽힌 사연을 『삼국유사』
남백월이성^{南白月二聖} 대목에서 살펴보면 그 이름 풀이가 이해된다.

신라 성덕왕 때 구사군 북쪽에 백월산이 있었다. 고려 때에는 구
사군을 의안군이라고 했는데 오늘의 경남 창원이 이 지역에 해당된
다. 백월산에서 동남쪽으로 3천 보 거리에 선천촌^{仙川村}이란 마을이
있었다. 이 마을에 노골부들과 단단빡빡 두 사람이 살았다. 두 사람
모두 풍모가 비범했고 서로 친한 벗이었다. 이들은 이십대의 젊은 나

이에 머리를 깎고 스님이 되었으나 또한 처자식은 거느리고 살았다.

하루는 두 사람이 자신들의 처지에 대해 이야기했다.

"농사가 잘되어도 자연이 스스로 풍요한 것에 미칠 수 없다. 아내와 다정해도 앵무새 한 쌍의 즐거움에 미치지 못한다. 하물며 진리를 깨우쳐 부처가 되고자 하는 우리가 세속의 무리와 다름없는 생활에 얽매어 있어서야 되겠는가."

이리하여 그들은 가족과 마을을 떠나 백월산 계곡으로 들어갔다. 이 백월산이 지금 실제로 경남 창원군 북면 월백리에 있다.

단단빡빡은 계곡의 북쪽에 암자를 짓고 아미타불이 되고자 염원했다. 노골부들은 남쪽에 암자를 짓고 미륵불이 되고자 힘썼다. 그러던 어느 날 밤 이 산 속에 길을 잃은 한 젊은 여인이 나타났다. 용모가 아름답고 향기를 풍기는 이 여인은 먼저 북쪽 암자에 찾아가 딱한 처지를 말하고 하룻밤만 암자에서 자게 해 달라고 애원했다. 그러나 빡빡은 문을 닫고 들어가 버렸다. 여인은 다시 남쪽 암자로 가서 같은 사정을 말했다. 부들은 여인의 청을 거절하지 못했다.

"이 암자는 여인이 들어오는 데가 아니지만 산골짜기가 이미 어두워졌으니 홀대할 수 없구려. 먼저 중생을 돌봄이 보살도에 맞을 것 같소."

이렇게 말하고 부들은 여인을 암자 안으로 들어와 자게 했다. 그리고 자신은 마음을 맑게 하고 염불을 계속했다. 밤이 깊자 여인이 갑자기 아기를 낳았다. 부들은 여인에게 짚을 깔아 주고 목욕물도 데워 주었다.

사실 이 여인은 두 스님의 수도하는 자세를 시험하러 온 관음보

살이었다. 보살의 도움으로 부들은 금빛을 발하는 미륵불이 되었다.

이튿날 새벽에 빡빡은 남쪽 암자를 엿보러 찾아왔다.

"부들은 지난 밤에 필경 파계를 했겠지."

비웃어 줄 심산이었다. 그러나 뜻 밖에 성불해 있는 부들로부터 경위를 듣고 빡빡은 자신이 야박했음을 한탄했다. 부들은 우정을 생각해 빡빡도 성불하도록 도와 주었다.

'노골부들'과 '단단빡빡'의 전설이 신라 당대에 널리 알려지니 이 두 도인을 기리기 위해 경덕왕 때 백월산 아래에 남사南寺라는 절을 세우게 되었다. 그 뒤 이 절이 폐사되었는데 최근에 남사의 기왓장이 발굴되어 그 자리에 새로이 남사가 세워졌다.

남사에서 바라다 보이는 같은 마을 월백리에 한 식당이 있는데 옥호 간판이 '달달박박'이다. '노골부들'이라고 했어야 더 좋았을 것이다.

단단빡빡, 굳은 것은 죽음을 뜻한다. 노골부들, 부드러움은 생명을 뜻한다. 이것을 아는 것이 진리에 다가가는 길이다.

사
마
리
아

사
람

어느 날 서울 변두리에서 시내로 들어가는 버스 안에서 있었던 일이다. 낮 시간이었으므로 차 안에는 손님이 별로 많지 않았다. 30대 후반의 나이로 보이는 한 사나이가 버스 복판쯤에 앉아서 앞과 뒤 그리고 옆에 앉은 승객들에게 손바닥만한 크기의 무슨 전단^{傳單}을 나눠주고 있다. 차림새는 허술하고 얼굴에는 조금 겸연쩍어하는 듯한 미소를 띠고 있는 이 사나이가 나눠주고 있는 전단은 바로 '예수를 믿으라'는 내용의 글이었다.

이 사나이가 앉은 자리는 바로 버스 바퀴가 안쪽으로 불거져 나와 있어서 발을 놓기가 불편한 자리였다. 대개의 승객들이 이 모양의 자리에서는 그래도 통로가 있는 바깥쪽으로 앉기를 원한다. 한쪽 다리라도 평평한 통로바닥에 놓을 수 있어 약간 편하기 때문이다. 그리하여 자기 다음으로 오는 승객더러 안쪽으로 들어가라고 몸을 젖혀 비켜주는 경우를 많이 보게 된다. 실상 이런 습관들은 다분히 야박한 데가 있다. 먼저 앉은 순서대로 안쪽으로 들어가 앉는다면 안쪽에 들어간 사람이 발을 놓기에 좀 불편하기는 하지만 나중에 온 다른 사람에게 후한 인심을 베푼 셈이 되어 좋으며, 나중에 와서 통로 쪽으로 앉은 사람은 이기심을 떠난 순리順理와 편함을 느껴서 마음에 약간의 고마움과 유쾌함을 느끼게 될 것이다.

'예수를 믿으라'는 전단을 돌리는 사람 다음으로 체구가 큰 한 사나이가 그 바퀴 불거진 자리 앞에 와서 선다. 이때 그 전단 돌린 사나이는 몸을 젖히면서 체구 큰 사나이더러 안쪽으로 들어가라고 했다. 마침 그 자리는 바퀴가 불거져 나왔을 뿐 아니라 공간마저 비좁아서 체구 큰 사람으로는 들어앉기가 힘들 정도였다. 바깥쪽으로 앉아야 복도에 발을 놓고 앉을 수 있는 것이다. 그는 안쪽으로 들어앉기를 포기한 듯 천장의 손잡이를 잡은 채 그냥 서 있다. 이때 그의 얼굴은 화가 난 듯 불그스레해져 있다. 뒷자리에 앉은 사람들이 보기에 그 전단 돌린 체구 작은 사람이 안쪽으로 들어가 앉지 않는 것이 인색하고 얄밉게 느껴졌다.

전단을 나눠준 그 사나이는 말하자면 전도傳道의 일선에 선 사람이며 복음화 운동의 역군이다. 이런 사람들은 흔히 자신의 차림새가 초라해지는 것에도 마음 쓸 겨를이 없으며, 명동같은 거리에서 외쳐 대기까지 하느라고 목소리가 우람하게 발달되어 있고, 눈은 충혈되어 있다. 이처럼 이런 사람들은 열정적이다. 그런데 이런 열정은 과연 무엇을 위하여 발산되고 있는 것일까.

　곁에 있는 사람에게 버스좌석 하나도 양보할 생각을 하지 못하고 이웃에 있는 인간형제들을 행동으로 사랑하지 않으면서 혼자서 스스로 도취되어 있는 개인주의적 예수쟁이들이 오늘의 시대를 뒤덮고 있다.

　우리 나라 어느 곳을 가더라도 웬만한 마을이면 십자가 첨탑을 보여주는 교회당이 어김없이 있다. 어떤 마을에는 교회당이 교파별로 여럿 있기도 하다. 그런데 이렇게 교회가 우후죽순雨後竹筍처럼 많이 서 있는 데에 정비례하듯 사회의 타락은 늘어만 가고 있다. 인간 본성이 요구하는 정의가 땅에 떨어지고, 인간존엄의 정신을 찾아보기 힘든 사회가 되었다고 말한다면 이것이 과연 상투적으로 과장된 비관일까. 매일같이 신문의 사회면을 머리에서부터 장식하는 기사의 내용이 무엇인가. 살인·강도·사기·부정대출·탈세·물가인상, 이런 것들로만 메워져 있다.

　그러면 교회는 무엇을 하고 있는가. 성직자들에게 월급을 주고, 신자들끼리 얌전을 떨면서 착해 보이는 미소를 교환하는 장소가 교회인가. 교회가 이기적인 개인들의 피난처이며 혼자서 천당 갈 차표를 끊는 대합실인가. 아마도 그렇게 될 수마저 없을 것이다.

　나는 너희의 축제들을 싫어한다. 배척한다. 너희의 그 거룩한 집회를 반길 수 없다. 너희가 나에게 번제물과 곡식 제물을 바친다 하여도 받지 않고 살진 짐승들을 바치는 너희의 그 친교 제물도 거들떠보지 않으리라. 너희의 시끄러운 노래를 내 앞에서 집어치워라. 너희의 수금 소리도 나는 듣지 못하겠다. 다만 공정을 물처럼 흐르게 하고 정의를 강물처럼 흐르게 하여라. ^{아모 5장}

이것이 내가 좋아하는 단식이냐? 사람이 고행한다는 날이 이러하냐? 제 머리를 골풀처럼 숙이고 자루옷과 먼지를 깔고 눕는 것이냐? 너는 이것을 단식이라고, 주님이 반기는 날이라고 말하느냐? 내가 좋아하는 단식은 이런 것이 아니겠느냐? 불의한 결박을 풀어 주고 멍에 줄을 끌러 주는 것, 억압받는 이들을 자유롭게 내보내고 모든 멍에를 부수어 버리는 것이다. 네 양식을 굶주린 이와 함께 나누고 가련하게 떠도는 이들을 네 집에 맞아들이는 것, 헐벗은 사람을 보면 덮어 주고 네 혈육을 피하여 숨지 않는 것이 아니겠느냐? ^{이사 58장}

이런 성경 말씀들은 하느님을 형식적으로만 잘 섬기고 있는 사람들의 위선과 죄에 대해 예언자들이 질책하고 있는 것이다.

이 세상에는 하느님과 예수를 모르면서도 놀라울 만큼 착하고 건실한 사람들이 많이 있다. 이런 사람들이야말로 오히려 하느님이 사랑하는 참된 자녀들일지도 모른다. 예수는 당시 유다인들이 이방인처럼 멸시하던 사마리아 사람에게서 오히려 착한 행실의 모범을 지적해 말씀하였다.

그 율법 교사는 자기가 정당함을 드러내고 싶어서 예수님께, "그러면 누가 저의 이웃입니까" 하고 물었다. 예수님께서 응답하셨다. "어떤 사람이 예루살렘에서 예리코로 내려가다가 강도들을 만났다.

강도들은 그의 옷을 벗기고 그를 때려 초주검으로 만들어 놓고 가 버렸다. 마침 어떤 사제가 그 길로 내려가다가 그를 보고서는, 길 반대쪽으로 지나가 버렸다. 레위인도 마찬가지로 그 곳에 이르러 그를 보고서는, 길 반대쪽으로 지나가 버렸다. 그런데 여행을 하던 어떤 사마리아인은 그가 있는 곳에 이르러 그를 보고서는, 가엾은 마음이 들었다. 그래서 그에게 다가가 상처에 기름과 포도주를 붓고 싸맨 다음, 자기 노새에 태워 여관으로 데리고 가서 돌보아 주었다. 이튿날 그는 두 데나리온을 꺼내 여관 주인에게 주면서, '저 사람을 돌보아 주십시오. 비용이 더 들면 제가 돌아올 때에 갚아 드리겠습니다.' 하고 말하였다. 너는 이 세 사람 가운데에서 누가 강도를 만난 사람에게 이웃이 되어 주었다고 생각하느냐? 율법 교사가 "그에게 자비를 베푼 사람입니다." 하고 대답하자, 예수님께서 그에게 이르셨다. "가서 너도 그렇게 하여라."루카 10,29-37

이 말씀에 나오는 사제와 레위인은 자기네만이 하느님을 올바로 섬기노라 공언하면서도 불쌍한 이웃을 피해 지나갔으며, 이들이 죄인시하여 멸시한 사마리아인은 오히려 불쌍한 사람을 구해 주었다. 그 옛날에도 이런 일들이 있었으므로 그리스도께서는 "'집 짓는 이들이 내버린 돌 그 돌이 모퉁이의 머릿돌이 되었네.'"마태 21,42라고 말씀하셨다. 즉, 버려진 존재가 오히려 머릿돌처럼 중요한 존재가 되고, 처음이 끝이 되고 끝이 처음이 되어 차례가 뒤집히는 구원의 비의秘儀를 일러 주었던 것이다.

마찬가지로 오늘의 그리스도교 신자들도 자신들만이 구원을 받고 천당에 갈 수 있다고 믿어서는 안 될 것이다. 가톨릭 신학자 요셉 라칭거는 말하기를 "우리가 그리스도교 신자인 것은 다만 역사를 위해서 그리스도적 봉사가 의의를 지녔고 또 필요하기 때문인 것"이라고 하였다. 신학자뿐 아니라 교회 자체로서도 오늘날엔 신자 아닌 선의의 사람들의 구원을 믿는다고 공표하고 있다.

파스카 신비에 결합되어 벅차오르는 희망을 품고 부활을 향해 전진하는 것은 비단 그리스도교 신자들에게만 해당되는 것이 아니라 보이지 않게 역사役事하는 하느님의 은총을 마음에 지닌 모든 선의의 사람들에게도 해당되는 것이다. 사실 그리스도가 모든 사람을 위해서 죽으셨고 사람들이 불리운 궁극의 목적도 하나뿐이므로, 하느님만이 아시는 방법으로 모든 사람에게 파스카 신비에 참여할 가능성이 주어진다고 믿어야 한다. 인간의 신비는 이와 같이 위대한 것이며, 이것은 그리스도교 계시가 신앙을 가진 사람들에게 밝혀주는 진리이다.「사목헌장」22

이것이 교회가 비신자들을 이단시異端視하지 않고 포용하는 정신의 원리이다.

그러므로 신앙인들은 자기들이 비신자들보 더 착하다고 과신하거나 자만하기를 삼가야 할 것이다. 이렇게 현대의 신앙은 맹신적인 것이 아니고 오히려 자기 비판과 자기 부정에서부터 다시 출발하기를 촉구받고 있다. 여기에서 현대의 신앙인들은 회의와 갈등, 그리고 불신앙과 같은 경지를 체험하게 되는 수가 있다. 이 불신앙의 현상으로부터 다시 신앙을 회복하려는 모색에 관하여 아돌프스 신부가 『신神의 무덤』이란 책 속에서 이해 깊게 다루었다.

불신앙, 이것이 공개적이고 반항적인 불신앙이었으면 얼마나 다행이랴! 그러나 아니다. 이것은 거의 깨닫지 못하는 사이에 일어나는 신앙의 상실이며, 하나의 조용한 이탈, 침묵하는 무관심이다. 이것은 종교적 신앙 없이도 인간일 수 있다는 것을 발견한 인간들의 마음속에서 서서히 성숙되고 있는 하나의 불신앙인 것이다.

그리하여 이른바 사신론死身論 신학에서는 말하기를 그리스도교를 신학적이고 형이상학적이고 종교적인 속박으로부터 해방해야 한다고도 한다.

그리스도교가 종교라는 굳어진 틀에서 해방된다고 하면 그 다음에는 다시 어떻게 될 것인가. '세속화'와 '공허화'空虛化의 과정을 생각할 수 있다고 아돌프스 신부는 말하고 있다. 즉 세속화란 타락을 뜻하는 것이 아니고 순수한 의미에서 세상과 시대에 동화된다는 것이다. 그러면 동시에 그리스도교가 자기 것을 버리는 일이 필요하다. 이렇게 자기를 버리고, 자기를 비워야 하는 지혜에 대해서는 일찍이 동양의 노자老子도 비슷한 표현으로 말한 것이 있다. 즉, '그릇을 비워야 거기에 무엇을 담을 수 있다'는 것이었다.

그러나 그리스도교의 자기 공허화는 노자의 이론보다 더 적극적인 데가 있다. 즉, 빈 그릇에 세상을 담는 것이 아니라 자기를 죽이고 세상에 섞여들어 침투하는 것이다. "그리스도가 당신의 모든 것을 버리시고 종의 신분을 취하여" 세상에 오셨듯이 그렇게 겸허하게 섞여들어야 한다는 것이다. 그러나 이렇게 섞여들어 가는 것은 결코 맹목적으로 자기를 소멸시키는 행위가 아니다. 마치 누룩이 밀가루에 섞일 때처럼 그것은 소멸이 아니라 변화를 일으키는 것을 의미한다. 빵을 부풀게 하고 술이 익게 하는 그 누룩처럼 말이다.

변화를 일으키는 그리스도교적 누룩은 무엇인가. 그것은 단연 '사랑'이라는 것이다. 사랑은 타인을 위하고 도와 주는 것이다. 타인은 어디에 있는가. 그리스도교의 입장에서 볼 때 교회 밖에 있다. 교회 밖에서 도움을 필요로 하는 사람은 누구인가. 가난하고 약하고 억눌린 사람이다. 그러므로 그리스도교 신앙인들은 교회 울타리 안에 있는 사람들끼리만 서로 소중하게 생각할 것이 아니라 오히려 교회 밖에 있는 비신자들을 사랑해야 할 것이다. 그것도 가난하고 약한 사람들을 사랑해야 옳다. 그러면 사랑은 어떻게 하는 것인가. 흔히 경건한 신앙인들은 하느님께 자주 기도를 바친다. "주여, 가난하고 불쌍한 우리 형제들을 도와주시고 위로해 주소서…." 옷차림으로 보아 돈도 많아 보이는 부잣집 귀부인들이 교회당에 나와 무릎을 꿇고 고개를 깊이 숙이고 탄식의 한숨 소리를 내면서 기도한다.

이러한 기도에 관하여 루이 에블리가 말하였다. "'먹을 것이 없는 이에게 먹을 것을 주소서' 하고 기도하는 것은 하느님께 책임을 전가하는 짓이다. 하느님이 그 기도를 들어 주시는 방법이 한 가지 있다. 그것은 우리가 우리의 것을 우리의 손으로 가난한 이에게 주는 것이다."

굶주림에 관해서뿐 아니라 세상 사람들의 갖가지 불행에 대해서 도움과 위로를 주는 신앙인의 사랑이란 모두 이처럼 내가 가지고 있는 것을 내 손으로 그 불행한 사람에게 직접 주는 실천이다.

실천이 없이 경건한 몸매로 고개만 숙이고 있거나 또는 불행한 이들의 고통을 나누어 가진다고 고통스러운 표정을 짓고 있는 관념적 고행주의는 위선에 지나지 않을 것이다.

"우리는 말로나 혀끝으로 사랑하지 말고 행동으로 진실하게 사랑합시다." 하고 말한 성경의 기록을 받아들여 '행동'을 진실의 척도로 생각하는 사람이 너무도 드문 세상이다. 이 행동, 즉 실천은 너나 없이 가장 어려운 일이므로 실로 장담하기가 힘들다.

그러나 그런대로라도 각기 최선을 다하고, 그리고 무엇보다도 말만을 쉽게 앞세우는 일은 삼가야 할 것이다.

실천이 그처럼 어렵다는 사정을 생각하면 차라리 신앙인의 신분을 내세워 행세하지 않는 것이 더 양심적일 것 같다. 예수쟁이라는 그 허울이 실로 얼마나 부끄럽고 부담이 되는지를 바르게 깨닫기라도 하는 것이 현대 신앙인의 제1 단계 의무이다.

착한 사마리아인의 말없는 행동이 오히려 진정한 신앙인의 모습이 되어 빛나고 있다.

하느님의 손발이 되어

I

오늘날에 이르러서도 한국 교회 안에서 이른바 평신도의 지도급 인사라는 분들이 다음과 같은 말을 하는 것을 본다. "평신도는 병신도다. … 버러지 같은 평신도를 불쌍히 여기시어…." 이것은 물론 농을 섞어서 하는 말이지만 "농담 속에 진담이 있다"는 우리나라 격언을 다분히 활용하고 있는 어투라고도 보인다. 그러나 이러한 생각이나 말은 용렬하고 불평을 일삼는 태도로서 반성되어야 할 것이다.

보통 백성이라 해도 하느님의 자녀인데 하물며 교회 안에 들어와 있는 선택된 자녀로서 자기가 존엄한 존재임을 망각하고 자기 비하에 떨어진다는 것은 잘못이다.

흔히 성성^{聖性}과 권위는 성직계^{聖職階}의 독점물이라고 생각하는 데에서 평신도의 자기 비하가 초래되는 것 같다. 그러나 평신도의 세속 생활 하나하나가 하느님의 대리자로 매일 아침 세상에 파견되어 와 수행하는 성스러운 일임을 깨달아야 한다고 루이 에블리는 말하였다.

혹 부당하게 천시당하고 초라해 보이는 변두리 마을 청소부라 하더라도 그가 이른 새벽에 골목에서 수고하는 노동은 거룩한 일이다. 그가 수고하지 않는다면 마을의 골목들이 어떻게 되겠는가. 평신도 중에는 청소부만 있는 것이 아니고 의사도 있고 학자도 있고 언론인도 있고 경제인도 있고 정치인도 있다. 세상 안에서 온갖 종류의 일을, 하느님의 손이 되어 수행하는 것이 평신도의 일과이다. 이러한 생활 속에야말로 영성^{靈性}이 풍부히 있고 성스러움이 있기까지 하다.

성스러움 외에 권위와 계급은 평신도가 차지하지 않아도 좋을 것이다. 겸손은 영성을 더해주기 때문이다. 초대교회 시절에는 교종 · 주교 · 사제 등 성직을 선임^{選任}하는 일에 있어 평신도가 선거 · 동의 · 자문의 방법으로 참여했었다고 한다. 그 뒤 그리스도교가 시대에 따라서는 '귀족교회'가 되고 '성직교회'가 되고 하다가 제2차 바티칸 공의회에서는 '하느님의 백성'인 교회로 표방되기에 이르렀다.

이브 꽁가르는 말하기를 교회의 역사에도 잘못이 있을 수 있다고 하였다. 그러나 잘못은 상대적인 것으로서 당대에 한정짓고, 절대적인 진리를 교회의 장구한 역사 안에 일치시켜 나가면 된다고 하였다.

평신도가 교계제도에 의해 어떤 바람직하지 않은 억압과 비능률을 느껴 답답한 생각이 든다면 그것으로 인해 자기 비하에 떨어지거나 절망할 필요는 없을 것이다. 교회에도 잘못이 있을 수 있으므로 평신도는 자신들의 세속생활에서 소명감을 가지고 건설적인 노력을 다해야 할 것이다. 원래 평신도가 없으면 교회도 없는 것이며, 교회는 하느님의 백성에게 군림하기 위해 있는 것이 아니고 봉사하기 위해 있다는 사실을 명심해야 할 것이다.

그리고 교회 자체만 가지고서는 세상을 의롭게 구원하는 일이 뜻대로 잘 안 된 사례들을 우리는 이 당대에서도 보고 있다. 한국 가톨릭 교회 초기의 약 1세기 동안은 벽두에 평신자들만으로써 가교회假敎會, 가성직단假聖職團을 만들어 가며 복음전파에 노력했고, 성직자가 파견되어 온 후에도 신앙의 자유가 없어서 주로 평신도들이 은밀히 횡적인 전교를 하여 신자수가 크게 늘어났다.

이 시절에 여러 차례의 박해로 순교자만도 1만여 명을 내었다. 그러나 1880년대 중엽부터 조선정부가 서양 나라들과 국교를 맺고 신앙의 자유를 허락하여 교회조직이 정립되고 활성화하자, 한국 가톨릭은 오히려 이 나라의 개화와 민족의 자유로운 생존권을 추구하는 운동을, 뒤늦게 이 땅에 들어온 프로테스탄트 교회에 넘겨주고 은둔과 폐쇄주의, 현실도피의 길을 걸었다. 그 결과 교세가 개신교의 3분의 1도 못되게 역전되었고, 그리스도교의 토착화에 절대적으로 유리한 순교사를 공허한 것으로 만들었다.

세계적으로도 오늘날 가톨릭 대륙인 라틴 아메리카가 군사독재와 부패의 온상이 되었고, 또 심지어는 바티칸이 있는 로마의 시장市長으로 공산당원이 당선되는 판국을 맞이하였다. 이래도 교회의 지도층, 즉 성직계는 곳곳에서 대안 없는 보수주의에 집착하는 현상이 있다.

　이러한 시대에 평신도는 과연 무엇을 해야 할 것인가. 스스로 통절히 생각해 보아야 할 것이다.

II

　흔히 평신도는 교회가 현대세계 안에서 무능한 점을 들어 비판한다. 교회 당국이 이러한 비판을 받아야 할 점도 있지만 평신도 자신들이야말로 커다란 책임을 모면할 수 없을 것이다.

　이 세계의 모든 분야에 직접 참여하는 이들은 평신도이며 교회의 정점인 교종좌敎宗座에서는 적어도 1891년의 『노동헌장』 이래로 신자들이 사회에서 실천해야 할 행동지침들을 교시해 왔다. 『노동헌장』, 『사회질서 재건헌장』, 『어머니요 스승』, 『지상의 평화』, 『제2차 바티칸공의회 문헌』, 『민족들의 발전 촉진에 관하여』, 『일치와 발전』 등의 교서에는 세계 최선의 인류 구제책이 담겨 있다.

　교회가 평신도의 사도직 활동들을 엄격히 규제하는 데에서 여러 가지 좌절이 올 수 있다고도 하지만 역대 교종의 교서들을 실천하고 또 실천하는 운동을 벌인다고 해서 신자들이 어떤 불이익을 당할 리는 없다.

　현대세계가 날로 물질주의와 획일주의 풍조에 물들어 가고 국제적으로 빈부의 차이가 점점 늘어나고 제3세계 국민들은 부패한 독재정권 아래서 인권을 억압당한다. 이러한 현실들에 대해 그리스도교 신자들이 앞장서서 개선하려 드는 움직임이 미약하다.

　나라마다 민주주의를 실시한다 하여 양당제도도 있으니 어느 정당을 택하는 것은 시민의 참정권에 근거하는 자유이다. 그러나 문제는 자기가 택한 정당의 시책이 과연 교회가 가르치는 양심의 자유, 표현의 자유, 공동선의 원리, 하느님으로부터 오는 공권력公權力의 개념에 일치되고 있느냐 하는 데에 있다.

　시대마다 유다도 낳고 어용적 인물도 낳아서 한국의 저 일제 때를 예로 든다면 신사참배를 주장하는 사람도 있었다. 그리스도인들이 이런 유형으로 시속時俗의 불의에 타협하고 자기 한 몸의 편함과 영화를 누리려 든다면 교회와 교종의 교서들이 아무리 훌륭하고 성스러운 내용으로 되어 있다 하더라도 다 헛것이 되고 만다.

　평신도, 특히 그 중에서도 지식이 있는 신자들이라면 자기 혼자서만 천당 가는 차표를 사는 행위라든가 기복祈福의 미신꼴이 되는 신앙태도를 지녀서는 안 될 것이다. 영성도 귀중하고 묵상도 기도도 다 귀중하다. 그러나 일찍이 단테가 『신곡』에서 말했듯이 사람은 사색과 행동이라는 두 수레바퀴가 있어야 균형을 잡아서 앞으로 나아갈 수 있다.

　여기에서 '행동'이라고 한 것은 생활 속의 일상적 행동거지를 말하는 것이 아니고, 하느님 나라를 완성해 가는 역사를 위해서, 의와 진리를 위해서, 고난도 피하지 않고 겪어 나아가는 하나의 투쟁을 말하는 것이다.

　우리 한국에서도 일찍이 이조 때에 그리스도의 진리를 위해서 고통을 피하지 않고 순교한 평신도 선열들이 많이 있었다. 오늘날 한국의 평신도 운동 중에는 이 지난날의 순교자들을 성인의 자리에 올리자고 하는 것도 있다. 그 성의야 마땅하고 옳은 것이다.

그러나 다른 한 편으로 생각하면 그분들을 성인의 자리에 올리는 것은 하느님이 벌써 아서서 선처하셨을 일이며 또 교회당국이 나서서 하는 일이다.

시성운동이 그럴리야 없지만 국력과 재력을 필요로 한다면 오히려 우리의 순교 선열들에게 죄송한 일이 아닌가 생각되기도 한다.

신자들의 노력의 방향은 오늘날 이 세상에서 잘못되어 가고 있는 일이 무엇이고 그 잘못과 불행들을 바로잡기 위해 필요하다면 우리 자신이 실천하는 길로 향해야 한다. 그 방향에 따른 구체적인 계획들이 모색되어야 할 것이다. 옛날 조상들이나 존경하고 찬양하는 일로써 막상 우리 자신이 해야 할 일에 대치시키는 결과가 되지 않아야 할 것이다.

정의의 시대를 구현해야

날마다 신문과 텔레비전 뉴스를 보면서 두 가지 이상한 현상을 본다. 한편으로는 이른바 '한류'가 연예와 음식뿐 아니라 '한글'까지 세계 각지로 보급해 나간다는 것이다. 이것은 한국 민족이 역사 안에 축적한 문화역량의 성과라고 생각된다. 한국 사람이면 누구나 마음에 긍지를 갖게 하는 현상이다.

그런데 다른 한편으로는 국내 사회의 정치·교육·사회도덕 분야에서 수치스러운 일들이 일어나고 있다.

긍지를 갖게 하는 면은 한국인에게 희망의 여지를 느끼게 한다. 그러나 너무도 수치스러운 면들은 민족 역사의 절박한 위기감을 느끼게 한다. 성경에서도 가라지의 비유[마태 13,24-30]가 있어, 밀밭에 기생

하는 나쁜 식물처럼 빛에 따라붙는 어둠이 영원히 계속되리라는 일 깨움이 있다. 그러나 빛을 향해 가는 발걸음은 마땅히 더 활발해야 한다.

정의를 실천하는 몇 사람이라도

인간은 누구나 미약하고 한계를 지니고 있어 자칫 잘못을 저지를 수도 있다. "잘못을 알고도 고치지 않는 그것이 바로 잘못"이라고 『논어』에 씌어 있다. 잘못에 대해서는 염치를 알아 미리 경계를 한 선인들도 있다.

조선시대에 퇴계는 벼슬을 해도 한직을 원해 단양군수를 지내고 있었는데, 자신의 친형님이 충청감사라는 상위직을 맡아 같은 지역으로 왔다. 그러자 퇴계는 형의 그늘에 염치를 느껴 경상도의 풍기 군수로 자리를 옮겼다.

다산에게 임금이 『논어』에 대해 강의를 해달라고 범위를 전했다. 다산은 문제를 미리 아는 것이 떳떳하지 못하다며, 쪽지를 받지 않고 아전을 돌려보냈다. 다음 날 『논어』의 전체 범위를 가지고 강의를 했다. 정조 임금이 다산의 결벽에 감복했다.

대한민국의 대통령으로 김영삼 · 김대중 · 노무현은 자식들이라든가 친형을 미리 단속하지 못해 그 친족들이 비리 사건으로 투옥되었다. 이명박 대통령 친형도 이른바 영포지역 인맥의 비리 혐의에 관련돼 비판의 대상이 되었다.

조선조 왕정 시대에도 청백리淸白吏들이 있었다. 영의정을 지낸 정승이 너무 가난해 그가 세상을 떠났을 때 장례비용을 나라에서 보내준 사례가 있다. 청백리는 그 가난을 가문의 영예로 생각했다.

현대 유럽 체코의 대통령 하벨은 극작가였는데, 대통령에 당선되고는 개인 재산을 국가에 헌납하고 청렴하게 연임의 임기를 마쳤다. 한 공동체의 상위권자가 솔선수범하면 그 아래에서 누가 감히 부정을 저지를 수 있겠는가.

한국은 헌법상 민주주의 국가지만 정부 수립 후 60년이 지나는 동안 민주정치의 시기는 제2공화국 장면 정권 시절 9개월과 김대중·노무현 정권 시절 10년을 합해 11년에 불과했다. 일제 식민지에서 제1공화국 이승만 정권에 넘어온 시기는 3·15 부정선거에서 실상을 보듯이 독재정치의 시대였다.

1960년 야당인 민주당의 대통령 후보로 나선 신익희 선생은 선거 유세를 통해 대한민국 공무원 직함에서 '관官' 자를 떼자고 했다. 당시 대만의 공무원 지칭에도 '관' 자가 없다고 했다. 한국에서는 비서관·통역관까지 벼슬의 개념을 붙이느냐고 했다. 하향식 권위주의 의식 자체가 문제인 채로 오늘날까지 공무원 직제에서 '관' 자를 붙이고 있다.

4·19 민주혁명으로 탄생한 제2공화국 합헌 정권을 전복한 5·16 군사 쿠데타 정권은 전 정권의 구악을 일소한다고 혁명재판을 실시했다. 그런데 이 재판의 유죄판결은 단 1 건으로서, 한 장관이 중고품 냉장고 한 대를 뇌물로 받았다는 것이다. 재판 전에 공개된 구악의 혐의 사건들이 수백 개였는데 유죄다운 유죄 판결이 없었다. 비

리를 저지를 시간적 여유 자체가 없었다.

구악을 일소하면 군 본연의 임무에 복귀한다고 한 군사혁명 공약이 있었음에도 쿠데타 군은 복귀하지 않았다. 공화당 정권을 만들고 박정희 대통령 3선 개헌을 거쳐 무기한 절대 통치인 유신헌법 시대에까지 진입했다. 이 정권의 후계 세력이 오늘의 이른바 보수 여당이다. 무엇을 지킬 것이 있어 보수를 하는가. 경제개발 5개년 계획은 장면 정권이 작성한 것을 원안대로 사용했다. 군인들이 재벌들과 정경유착을 한 기득권을 지키는 것이 실상이었다.

반군사독재 민주화 투쟁과정에서 수많은 시민의 생명을 희생시킨 부담도 보수할 것인가.

1987년 6·10 시민항쟁의 승리야말로 한국 민주주의 발전사의 절정이었다. 박종철·이한열의 죽음으로 격앙된 시위 군중이 서울을 지배한 6월 10일이 저물어도 사람들은 흩어지지 않았다. 경찰 병력이 시위 행렬을 계속 해산시키려 하자 대학생 수백 명이 천주교 명동성당 구내로 들어가 진을 쳤다. 당시 명동성당은 계속 시국기도회를 여는 민주화의 성역이었다.

이 때 김수환 추기경과 정의구현사제단 신부들이 학생들 앞에 나타났다. "여러분이 지금 손에 들고 있는 돌멩이와 화염병들을 땅에 내려놓아라. 폭력은 영원한 악순환이다. 경찰 병력이 성당 안으로 진입해 여러분을 연행하지 못하도록 교회가 막아서겠다. 그리고 여러분이 안전하게 학교와 가정으로 돌아가는 것을 보장하도록 경찰 당국의 약속을 받아내겠다"고 했다.

김수환 추기경은 "경찰 병력이 성당 안으로 들어가려면 먼저 나를 밟고 넘어가라. 그 다음에 신부들을, 그 다음에 수녀들을 밟고 넘어가서 학생들을 연행하라" 했다.

김 추기경의 이 결연한 통첩에 정부 당국이 승복했다. 명동성당이 여러 대의 버스를 대절하고 한 버스에 신부 한 명씩 동승했다. 학생들은 방향을 나누어 버스를 타고 먼저 학교에 들르고 각기 안전하게 가정으로 돌아갔다. 그리고 며칠이 지난 뒤 신군부 정권은 6·29 직선제 개헌을 선포했다.

이것은 한국 민주주의의 명예혁명이었다. 이 6·29 선언의 상황을 사람들은 '87년 체제'라고 부른다. 자유와 평화와 민주주의의 기념비가 세워졌다. 여기까지가 교회의 역할이며 역사에 대한 봉사의 실천이었다. 그 다음의 정치적 현실 운영은 정치인들과 국민의 몫이다.

대통령 직선제 정국에 진입하자 민주화 투쟁 과정의 동지인 김영삼과 김대중 양인은 국민에 대해 약속한 후보 단일화 원칙을 어기고 동시 출마를 했다. 그 결과로 37 퍼센트의 득표를 한 노태우 후보에게 패배해 신군부 통치를 5년 더 연장하게 되었다.

어렵게 쟁취했고 가능성이 보장된 민주회복의 여건이 민주화 세력 내부의 이기적 정파 분열에 의해 다시 상실되었다. 이 차질의 단계에서 한국의 현대사는 보편적 가치와 정의의 개념에 심각한 상처를 입었다.

제1공화국의 이승만 대통령이 반민특위를 강제로 해산시켜 친일 오류가 있는 이들을 풀어 주었다. 이어서 유신 독재의 후계 세력인 신군부 정권을 상대로 한 대통령 직선제 선거에서 민주화 세력이 패배했으니, 역사적 오류가 있는 이들이 공공연히 활개를 치는 사회가 되었다. 그 여파가 이명박 정부 시대에 이어져 그야말로 '수치심 없는 사회'의 극치를 국민이 체험하게 되었다.

정치 분야의 하도 많은 부정과 비리는 이루 거론하기조차 민망하며 심지어는 중학교 학생 사회에 폭력조직이 침투해 괴롭힘을 당하는 학생들의 자살사건이 계속 일어나고 있다. 나이 어린 학생 사회의 질서마저도 지켜 주지 못하는 정부와 교육 당국, 그리고 정의로운 교육을 표방한 이른바 전교조 교사 조직도 어떤 노력의 움직임을 보여주지 못하고 있다.

이 '수치심 없는 사회'를 바로잡으려면 과연 우리 사회에 어떠한 실천이 있어야 할까. 드러나 있는 피상적 사회현상에 대한 시시비비의 거론으로는 방법이 되지 못할 것이다.

'수치심'은 양심의 문제로서, 본질적인 차원의 각성을 불러일으키는 것이 바로 '실천'의 첫걸음이 된다. 이 각성을 위해서는 좀 더 새로운 개념과 사고방식이 필요하다.

인간성의 진보를 통해

근래에 우리 사회에서 급격히 사람들을 보수와 진보로 분류하는 경향이 생겼다. 종래에 나라의 민주화 운동에 참여했거나 민주화의 당위성을 긍정하는 사람들을 한데 묶어서 '진보'의 레테르를 붙이고 있다. 그리고 여기서 더 나아가 진보는 '종북 좌파'라고까지 말하는 이들이 있다. 처음에는 이러한 말을 농담처럼 하더니 날이 갈수록 고정관념처럼 되어, 듣는 이의 마음을 섬뜩하게 한다.

이러한 경향은 이명박 정부 시대에 들어와, 분단된 남북관계에서 대립을 격화시켜 나아가는 정부 정책에서 비롯되었다. 금강산 관광이 중단되고 천안함 폭파 사건을 계기로 남북 교류와 경제협력 관계가 전면 중단되었다. 이 중단 현상에 따른 남한의 경제 손실이 9조 원대에 이른다는 통계도 있다.

김대중 · 노무현 정권 시대에 남북관계는 모처럼 활로를 열었으며, 이것은 그 시대의 가장 큰 성과였다. 정치적 견해의 차이라든가 대립적 감정은 그것대로 문제 제기를 하더라도, 다른 한편으로 경제와 문화의 교류는 증대할수록 대한민국의 입장은 떳떳한 것이다.

지금 북한의 경제 상황은 남한에 비해 20분의 1 정도로 낙후되어 있고, 식량 기근으로 탈북자들이 늘어나고 있다. 그런데 굳이 북한을 선망하고 추종하는 종북 좌파가 어디에 있다는 말인가.

통일 이전 독일에서 서독이 20년 간 동독에 대해 인도적 원조를 하면서 교류를 증대한 결과 동독 주민들이 스스로 장벽을 무너뜨려 통일이 된 역사적 사례도 있다. 이렇게는 하지 못할망정 역사의 수레바퀴를 거꾸로 돌리고 있는 남한의 정권이 입지가 불안하니까 색깔 공세를 취하는 것이 이른바 종북 좌파 발설이다. 이 또한 수치스러운 일이다.

그런데 또 한 측면으로 역사적 차질의 현상이 있다. 그것이 이 선거의 계절에 통합진보당의 이른바 당권파 젊은 층이 비례대표 후보 공천 과정을 양명하게 공개하지 않으면서, "우리가 언제 다수결 투표를 했느냐?"는 식으로 가치 중심을 '당성'에 두는 태도를 보이는 것이다. "당이 결정하면 우리는 따른다"는 많이 들어본 구시대 이데올로기 타성의 모습이다. 이래 가지고서는 야권연대의 힘으로 민주화 정권 교체를 하는 데에 지장을 줄 뿐이다.

이렇게 '진보'로 지칭을 받는 쪽에서도 반성하고 쇄신해야 할 병통이 분명히 있다. 지난날의 소련이 자체적으로 붕괴한 것은 자유와 양명한 민주주의가 없고 일당 집권의 경직성이 체제의 동맥경화를 초래했기 때문이었다.

'진보'는 불온한 말이 아니다. 보편적으로 쓰는 좋은 말이다. 현실 세계에는 온갖 이념과 시설들이 있다. 이것들을 관리하고 사용하는 주체로서 '인간'이 있다. 그러므로 진보도 이념이나 시설보다 인간의 인격과 인간성에서 이루어져야 한다. 흐르지 않고 고여 있는 물은 썩는다. 흐르는 맑은 물이 진보이다. 인격은 고여서 썩는 수치를 씻어내고 계속 신선한 정신차원을 가져야 한다.

자본주의가 보수인 것도 아니다. 자본주의의 두 요소인 사유재산과 시장경제가 악인 것도 아니다. 인간 자유권의 연장 차원에서 정당하고 적절한 사유재산은 좋은 것이다. 시장경제는 창의와 능률을 위해 유익한 것이다. 다만 사유재산에도 사회적 의무가 있는 것이며, 시장경제에서는 팔고 사는 여건이 공평해야 한다. 결국 자본주의에서도 이기적 모리 행위와 약육강식의 횡포는 도덕성의 견제를 받아야 한다는 것이다. 이러한 일들을 수행할 책임이 바로 '인격의 진보'에 있다.

진보가 신앙의 면에서는 '완성'이라는 말로도 표현된다. "인간이 자유와 책임에 바탕을 둔 도덕적인 힘에 의해 인간의 자기완성, 사회의 자기완성을 가능케 하는 '공동선'을 향해" 우리는 인간다운 삶의 길을 가야 한다.

민주주의도 승자 독식이 아닌 합의제 의결을 위해 노력해야 한다. 학교에서 어린이들은 경쟁을 하고 상을 타는 것만 목표로 삼지 말고, 행복한 인간관계를 배워야 한다. 이러한 학교에서는 폭력사고도 전혀 일어나지 않는다. 이러한 학교가 경기도 고양시에 있는 대곡 초등학교이다. 합의제 민주주의의 나라들은 북유럽 스칸디나비아권에 실제로 있다.

원래 염치를 중시하던 문화 전통의 나라 한국이 이제는 수치심을 털어버리고 정의를 다시 세워야 한다. 인류가 궁극적으로 지향하는 평화도 정의의 구현을 통해서만 가능하다. 수치스럽지 않고 떳떳한 삶을 사는 인문적 선진국이 되도록 우리가 함께 노력해야 할 것이다.

인문학이
먼저다

공중의 실크로드

민들레 꽃씨처럼

하늘에는 길이 없는데
새들은 어디로 날아가나

만해 한용운의 선시 한 토막이다. 하늘에는 길도 없고 지도도 없다. 또한 그 공중에는 국경도 없고 휴전선도 없다. 그래도 새는 날개가 있고 눈이 있으니 먹이가 있고 따스한 곳을 찾아, 가고 싶은 데로 날아갈 수 있다.

동물이 아닌 식물로서 민들레의 꽃씨도 하늘을 날아간다. 꽃씨에 솜털 같은 것을 세워 바람이 불면 뜨고 날아간다. 민들레 꽃씨는 자신이 어디로 날아가는지를 알까. 모를 것이다. 그냥 바람에 날리다가 내려앉게 되는 데가 새로운 영토다. 여기에서 새싹을 틔우게 되면 틔우고 못 틔우게 되면 못 틔울 것이다.

이것이 민들레의 운명인가. 운명에는 무슨 의미가 있는가. 한 포기 민들레에게도 헤아릴 수 없는 의미의 폭이 있다. 하물며 사람에게는 그 폭이 얼마나 클 것인가. 생각하면 할수록 생각의 폭도 넓고 깊어간다.

제주도 서귀포 해안의 수면이 조금씩 높아지고 있다 한다. 지구의 온난화로 인한 재앙이다. 이렇게 되어가다가는 그 언젠가 지구의 큰 부분이 물에 잠기고 말 것이 아닌가. 그러나 인류의 운명이 불행하게 또는 행복하게 되는 것은 사람들이 하기에 달려 있다.

테이야르 드 샤르댕은 가톨릭교회의 신부인데 진화론자다. 그는 지구의 진화 자체도 하느님의 섭리 안에 있다고 생각한다. 문제는 사람들이 오늘날 어떻게 살아가고 있느냐 하는 데에 있다. 잘못 살고 있으면 화를 입을 것이고, 잘 살고 있으면 인류와 세계가 자연의 본성을 완성해서 행복하게 된다.

진화론에 의하면 이 우주에 지구가 탄생한 것은 45억 년 전의 일이다. 지구에 원시 생명이 탄생한 것은 30~40억 년 전의 일이고, 인류가 탄생한 것은 600~700만 년 전이다.

지구의 생명계는 운동을 쉬지 않고 있는데, 인류의 미래는 상상할 수 없는 영원을 향해 열려 있다. 이 장구한 지구의 역사 안에서 보면 인류의 역사는 아직 태아의 상태에 불과하다. 이렇게 보면 사람들의 삶에 무한한 희망이 있을 수 있다. 노력을 잘 하기만 하면 지구의 온난화도, 가난한 이들의 굶주림도, 참담한 살육의 전쟁도 막을 수 있다.

인류의 미래가 장대하다는 것은 사람들이 '영원' 속에서 살아가는 셈이며, 생각할 수 있는 일들도 많다는 것이다. 아시아의 '근대'를 살고 있는 사람들은 얼핏 문명이 서양으로부터 왔다고 생각한다. 흔히 '서방 선진국'이라는 말이 쓰인다. 과연 19세기 이래 학문과 기술의 개념들을 유럽이 전 세계에 보급했다고 해도 크게 지나친 말이 아니다. 그러나 이러한 현상의 역사는 불과 100년이나 200년에 해당되는 것이다.

이보다 앞선 시기에는 서양과 동양 사이에 어떠한 일이 있었던가. 서양이 근대문명을 발전시킨 것은 1789년에 일어난 프랑스혁명으로부터다. 세계에서 처음으로 시민민주주의 사회 체제를 수립한 것이다. 이 프랑스혁명은 유럽의 다른 모든 나라를 근대화하는 데에 선도적 역할을 했다.

프랑스는 어떻게 이런 일을 할 수 있었던가. 명저 『수상록』의 작가로서 16세기 말 프랑스 문단의 대표적 지성이었던 몽테뉴는 일찍이 정신생활의 다양성과 보편적 가치를 주장하면서 동양의 사례를 인용하곤 했다. 다른 한편에서는 가톨릭교회의 선교사로 중국에 진출한 예수회 신부들이 계시 신앙과 달리 합리적 이성에 의거하는 자연 신앙의 이상적 사례가 있음을 유럽에 알리는 편지들이 많았다. 이들의 보고 내용이 『중국의 철학자 공자』라는 제목으로 1687년 파리에서 출간되어 큰 반향을 일으켰다.

볼테르와 디드로가 『백과전서』 편집에 착수한 것이 이 동양사상의 영향에 힘입은 것이다. 무력으로 억압하는 패권주의가 아니고 예의와 청렴으로 백성을 북돋우는 덕치德治가 사회의 보편적 이상으로 되어 있는 동양의 정치 원리에서 계몽을 받으며, 그들은 『백과전서』 내용을 집필했다. 이 백과전서 학파의 계몽주의가 바로 프랑스혁명으로 이어진 것이다.

당시 유럽의 나라들이 함께 동양사상에 관심을 가졌다. 독일의 철학자 라이프니치는 그의 서재에 중국에 관한 책 50권을 꽂아놓고 있었다는 일화가 있다.

독일에서는 괴테가 동양사상에 심취한 편이었다. 그의 세계문학론이 그렇고, 『서동西東 시집』과 14편의 연작시인 「중국과 독일의 계절과 하루」가 그렇다.

괴테의 작품 역정에서 보아도 그 초탈하는 달관과 유장한 마음가짐이 동양적 성향에 잘 융화되어 있다.

모든 봉우리에는
휴식이 있다.
모든 가지에서는 산들바람조차 느껴지지 않고
참새들도 숲 속에서 침묵했다.
기다리라 이윽고 그대도 쉬게 되리.

─강두식 역

82세의 생일을 맞은 괴테가 손자들의 손을 잡고 키켈하안의 오두막집을 찾아가 50여 년 전 이 집 안벽에 손수 써놓은 시 「나그네의 밤 노래」를 읽었다. 마지막 행의 "이윽고 그대도 쉬게 되리"를 읽으며 눈물을 흘렸다. 50여 년 전이면 30대 초에 이미 이렇게 쉴 날에 대한 시를 써 놓았다니. 그는 자신의 대표작 『파우스트』도 집필을 시작한 지 60년이 지난 이 82세 되는 해에 탈고했다. 그리고 그 다음 해 3월에 그는 별세했다.

동양사상이 프랑스혁명에 끼친 영향에 못지않게 괴테가 동양에 소통하는 문학을 추구한 것은 이 또한 중요한 현상이다.

알타이의 종착역

괴테의 82세 생일에 칼라일을 비롯한 영국의 문인들이 선물을 보냈다. 뱀이 제 꼬리를 물고 있는 원형의 조각품인데 거기에 괴테 자신이 한 말이 새겨져 있다. "서두르지 않지만 쉬지도 않으면서."

과연 쉬지 않고 둥근 지구는 돌아간다. 땅도 이 땅 저 땅 다르지 않은 것 같다. 프랑스 파리의 센강 미라보 다리 돌 틈에는 한국의 질경이 풀이 돋아나 자란다. 독일의 하이델베르크 고성古城 건너편 산에는 역시 한국의 고사리가 널려 있다.

모양과 크기가 조금 다를 수는 있지만 세계는 서로 통해 있다는 것을 알 수 있다. 우선 사람들이 지상에서 살아오고 있는 세월이 까마득하게 오래 되었다. 그 내력을 따져보면 구석기시대부터 생각할 수 있다. 적어도 사람이 단순한 도구라도 만들어 사용하는 때가 사람다운 모습의 첫 장면이다. 이것은 일종의 고고학에 관한 이야기다. 고고학은 고고학자만의 것이 아니다. 고고학자들이 발굴하고 그 유적과 유물을 확인한 다음에 그것은 시민의 문화 향유에 넘겨진다.

한반도의 구석기시대 개막은 한민족의 제1세대가 나타났음을 증명한다. 우리는 한국 민족의 5천 년 역사를 자랑한다. 그러나 경기도 연천 전곡리 한탄강 유역의 구석기 유적을 보자. 이른바 아슐리안 유형 주먹도끼의 연대는 유물 출토 층에 의거하면 적어도 11만 년 전이다. 이것은 세계 학계가 확인한 과학적 증언이다.

지난 날 선사시대의 학설 중에는 북아시아에서 빗살무늬토기를 쓰던 사람들의 한 갈래가 동쪽으로 옮겨와 한국 민족이 되었다고 했다. 그러나 민족사의 기원에 대한 짐작은 1만 년도 넘어가지 못한다. 구석기와 토기 사이 그 10만 년의 공간에서 사람들이 동쪽으로 왔는지 서쪽으로 갔는지, 또는 각기 제 땅에서 태어나 살고 있는 것인지 알기 어렵다.

확실한 것은 사람들이 서로 오고 갔다는 것이다. 심지어는 뱀이 제 꼬리를 물고 원을 이루듯이 사람의 무리가 지구를 몇 바퀴 돌기도 했다는 것이다.

몽골의 울란바토르 근처에는 '돌궐 우물'이란 것이 있다. 돌궐은 투르크로도 불리었고 지금의 터키라는 나라다. 터키 사람들이 몽골에 와서 우물을 파고 그 옆에 비석을 세웠다. 거기에 새겨놓은 말이 있다. "성을 쌓는 이들은 망할 것이요 길을 여는 이들은 흥할 것이다." 좋은 말이다.

그러나 그들은 자기네가 걸어온 길로 되돌아가게 되었다. 몽골이 터키를 공격했고, 오스만 터키는 이집트를 포함한 아랍권을 지배한 후 유럽에까지 진입했다. 유럽의 그리스도교 십자군 세력은 400년 동안 오스만 터키에게 시달리다가 스페인에서 배를 타고 바다로 나아갔다. 그 결과로서 그들은 아메리카 대륙을 발견했다.

유럽은 아메리카 대륙에서 금은보화를 싣고 돌아와 재정을 비축하고 산업을 일으켰다. 이번에는 유럽이 이슬람 국가 터키를 격퇴하는 데에 성공했다. 그리고 이슬람권은 21세기에 미국 뉴욕의 세계무역센터를 폭파하기에 이르렀다. 이것이 인류가 지구를 돌고 돌며 일으키는 일들의 형세다.

그리스 아테네 언덕의 파르테논 신전에서 후문 쪽을 내려다보면 작은 규모의 개선문 모델이 서 있다. 이것이 로마에서 확대되고 파리에서 더 확대되어 서 있다. 미국 맨해튼에 있는 자유의 여신상은 프랑스가 미국 독립을 기념하는 선물로 만들어 보내 준 것이다. 이 자유의 여신상과 같은 작은 자유의 여신상이 파리의 센강 유역에도 있다.

그런데 9·11 테러 사건이 일어난 후에는 이 자유의 여신상이 의미를 잃었다. 20세기에 들어와 미국은 세계 제1의 강대국 위치를 지키느라 계속해서 다른 나라의 내정에 간섭한다. 미국이 중동에서 전개하는 패권주의에 반발한 이슬람 세력이 뉴욕의 세계 무역센터를 폭파했다. 부시가 일으킨 이라크 전쟁에서 미군 4천 명 이상이 희생됐다. 그리고 이보다 훨씬 많은 이라크의 병사와 민간인이 이 전쟁에서 죽었다.

이러한 미국에 자유의 여신상이 어울리지 않는다. 이럼에도 불구하고 국내적으로는 미국이 아직도 '기회의 땅' 역할을 하기도 한다. 미국 동부에 사는 한 한국인 가정이 있다. 이민 3세까지 한 지역에 사는 30여 명의 친족이 있다. 이들은 미국에서 성공해 각기 수천 평의 정원에 수백 평짜리 저택을 지니고 살고 있다. 인근에는 한국 슈퍼마켓 거리가 번창하고 그곳에는 고들빼기·굴비·이천 쌀까지 한국 상품이 없는 것이 없다. 한국 식당들도 성업이고 노래방도 있다.

이 집안의 윗사람은 마치 징기즈칸같이 보인다. 그 아들이 웃으며 말한다. "여기가 원래 저희 땅 아니었나요?" 먼 옛날 아시아에서 베링 해협을 건너 들어온 인디언들이 미국의 원주민이란 뜻으로 한 우스갯소리다. 뉴욕 맨해튼의 32번가 거리에 가면 길 양쪽으로 한글 간판들이 즐비하다. 식당으로 금강산, 감미옥, 고려서적, 우리은행, 마치 한국의 서울 거리 같다.

캐나다 토론토로 가 보아도 교외의 영스트리트라는 거리에 또 한국 가게들이 성시를 이루고 있다. 그런데 막상 인디언 원주민 마을을 찾아가 보면 마치 죽음의 골목 같다. 정부의 어쭙잖은 보호 지원이란 것이 인디언들을 나태하게 해 술과 담배로 병들고 있다. 집 밖을 내다보지도 않고 안에 처박혀 있어 인디언들을 볼 수도 없다. 말로는 그들이 '첫 번째 나라' 주민이라 한다는데 실제로는 종족이 사라져 가고 있다.

그러면 오늘날 과연 한국은 무엇인가. 일찍이 터키·몽골·만주·한국으로 이루어진 '알타이어족' 속에서는 한국이 무엇인가. 2007년 3월 18일자 미국 『뉴스위크』지가 보도했다. 중국 만주의 헤이룽장성 산자쯔 마을에 사는 80대 노인 18명만이 만주어를 제대로 알고 있다는 것이다. 이들이 죽고 나면 200만 권이 넘는 만주어 고문헌을 해독할 사람이 없게 된다는 것이다.

이 만주족의 청나라가 병자호란 때에 조선을 굴복시켰는데 이제는 그 종족 자체가 자기네 언어마저 잃어버리고 사라져간다. 한 때 세계를 지배할 것 같던 몽골과 터키는 어떠한가. 경제적으로 연간 국민총생산이 터키는 한국의 4분의 1이고 몽골은 10분의 1 수준이다. 역사의 동서 왕래는 알타이어족의 동쪽 종착역인 한국에 어떤 결실로 축적되고 있는 것일까.

경제 수준이 전부는 아니지만 한국은 모국어와 한글 문자를 풍요롭게 누리며, 중국과 일본에 비하더라도 민주주의의 활력을 보여주고 있다.

인류문화의 큰 길은 공중으로 지구를 몇 바퀴나 돌아서 오늘 한국의 현실에 펼쳐지고 있다.

고구려는 살아 있다

나 사는 곳

역사의 흐름은 일정하게 직선을 그으며 뻗어가는 것이 아니다. 어떤 데서는 앞으로 나아가는 속도가 더디고 또 어떤 데서는 옆으로 돌아서 가기도 한다. 강원도의 동강을 보면 꾸불꾸불 휘어지는 물굽이가 하도 심하여 마치 이미 흘러온 데로 되돌아가는 듯한 모습도 보여 준다. 그러나 물은 계속 앞을 향해 흘러간다. 동강은 남한강에 합류하고 황해를 거쳐 오하일미五河一味의 큰 바다 태평양으로 간다.

우리가 사는 이 시대도 어떤 때는 마치 역류를 하고 있는 듯한 느낌이 든다. 이 밝은 시대에 일본은 다른 나라를 침략한 지난 잘못을 덮어버리는 역사 교과서를 만들어 학생들에게 가르치려 하고 있다. 동해의 울릉도 옆에 붙어 있는 독도가 자기네 영토라고 주장한다. 중국은 한국의 편을 들며 일본에 대해 항의한다. 젊은 학생들이 각 도시에서 항일 시위의 대열을 이룬다. 그런데 이 중국이 한국에 대해 또 달리 엉뚱한 태도를 취하고 있다. 한국의 고대국가 고구려가 중국에 속해 있었다고 한다. 연길 조선족 자치주를 견제하는 이른바 동북공정을 추진하고 있다.

이렇게 되면 청국과 일본이 한반도의 성환과 평양에서 전투를 벌였던 청일전쟁이 생각난다. 그 때에도 두 나라는 조선에 대한 영향력을 가지려고 조선 땅에 들어와 총을 쏘며 싸웠다. 그런데 지금 또 다시 동아시아의 두 이웃 나라가 한국에 대해 이상한 언행들을 보여주고 있는 것이 아닌가?

그러나 지금 한국은 지난 시대의 그 허약했던 구한국과는 다르다. 오늘의 한국은 경제 면에서 세계 10위권에 든다고 하며 첨단 기술의 두세 분야에서는 세계 1위라고도 한다. 전투 경험을 가진 막강한 군대도 가지고 있다. 군사독재를 물리치고 민주주의 질서를 정착시킨 국민의 저력을 가지고 있다.

그런가 하면 이 두 나라는 어떤가? 중국은 공산당 1당 정치를 하고 있다. 일본은 국민이 고대로부터 믿어오는 신神의 수가 『일본서기』에 의하면 80만, 『고사기』에 의하면 8백만이다. 그만큼 보편적 가치관을 가지고 있지 못하다. 그러므로 신사참배를 하고 극우적 과격 발언을 하는 사람이 정계의 요직에 들어가게 된다. 이러한 일본이 지난 시대에 다른 나라를 침략한 과오를 반성하기는 어려우며 역사 교과

서의 개악 사태를 시정하는 것도 기대하기 어렵다.

세계적으로 문화 전통이 보배로운 곳간을 이루고 있다는 평을 듣는 이른바 '동아시아'의 실상이 막상 이러하다. 이러한 현실에서 한국은 어떻게 해야 할까? 일찍이 조선조 말엽에 다산 정약용이 말했다.

만리장성 남쪽에 있는 나라가 스스로 중국이라 부르고, 요하 동쪽에 있는 우리나라를 동국이라 부른다. 동국의 사람으로서 중국에 유람을 가는 것을 사람들이 부러워한다. 내가 보기에는 그 중국이 중앙이라는 뜻으로 생각되지 않는다. 우리나라가 동쪽에 있는 나라라고 생각되지도 않는다. 무릇 해가 떠서 정오를 이루고 내가 서 있는 곳이 동쪽과 서쪽의 중앙이다. 중국이 따로 없고 동국이 따로 없다.

군이 중국으로 자처하는 이들이 있다면 일찍이 그 곳에 요나라와 순나라의 덕치가 있었고 공자와 맹자의 학문이 있었기 때문일 것이다. 지금의 청나라를 중국이라 부를 까닭이 무엇인가? 옛 성인들의 덕치나 학문에 대해서는 우리나라도 이미 알게 되어 여기에 옮겨놓았다. 먼 곳까지 가서 무엇을 구해 올 필요가 없다.

나의 친구 한치응이 조정의 명에 의해 북경에 가면서 자만하는 모습이 있어 내가 이 이치를 전해주고 싶다.

서양에서도 마찬가지다. 그리스의 소크라테스 · 플라톤 · 아리스토텔레스가 아테네의 아카데미 숲 속을 거닐며 제자들에게 던진 화두는 "너 자신을 알라"였다. 서양은 그리스로부터 정신 영역의 거의 모든 것을 배웠다. 그러나 그리스가 서양을 지배하는 패권적 제국은 아니다. 다만 각 민족과 인간 각자가 "나 자신을 알도록" 지혜를 전해 준 다음에 그리스의 역할은 끝났다.

오늘의 중국은 그리스와는 다르게 경제 면에서 큰 성장을 하고 있다. 이것이 광대한 국토와 인구를 동반해서 국제 정치의 면에서도 중국의 위상이 커질 법하다. 그러나 물리적인 힘만으로 나라의 위상이 커진다는 것은 하나의 패권주의 국가가 되는 것일 뿐이다.

이 양명한 세기에 나라다운 나라가 되려면 인간 본성과 자연법칙 질서에 맞는 사회가 되어야 한다. 그러려면 언론과 종교의 자유가 있어야 한다. 적어도 양당제 정치 구도가 있어서 민의가 정부를 바꾸는 능력을 가져야 한다. 지금 중국은 중국식 사회주의를 한다고 하는데 실상은 중국식 자본주의를 하고 있는 것이다. 성장을 위한 능률에 효과를 내고 있는 셈이지만 그 성장의 열매는 누구의 차지인가? 유일 정당의 간부들이 관료화하고 그 관료들이 경제를 차지하는데, 내륙 오지의 백성들은 마을의 공중변소를 사용하는 전근대적 생활을 하고 있다. 이러한 문제가 해결되려면 양명한 민주주의 사회가 되는 길 밖에 없다.

미국이 민주주의의 나라라지만 제3세계를 돌보지 않는 패권 국가라는 비판을 면치 못하고 있다. 미국은 반성을 해야 할 것이다.

그러나 민주주의의 또 다른 지역이 있다. 조합주의로 균등하게 복지를 누리는 스칸디나비아의 나라들은 이상적인 민주주의 사회를 이루고 있다. 한국이 가야 할 길도 결국 이러한 데에 있을 것이다.

그런데 한국은 특수하게 이웃 나라들로부터 위협을 느끼고 있다. 이것은 불행한 일이다. 하지만 한국이 중국이나 일본에 일일이 시시비비로 임하는 것도 피곤한 일이다. 남의 나라에 대해 내정간섭을 한다는 데에 한계가 있기도 하다. 일찍이 덴마크가 "밖에서 잃은 것을 안에서 찾자"라는 표어를 내건 적이 있다. 오늘의 한국도 안에서부터 떳떳하고 자기 신뢰가 큰 나라가 되어야 할 것이다.

우리나라는 일찍이 512년지증왕 13년에 울릉도를 우산국이라 부르며 그 옆에 붙어 있는 독도까지 차지해왔다. 지금도 한국 사람들이 그 섬에 올라가 발로 디디고 서 있으니 별 문제가 없다. 중국은 고구려가 중국의 것이었다고 하지만 압록강과 두만강 이남에서 한국 민족이 살고 있으면 그만이다.

일설에는 앞으로 한반도가 통일을 이룬 후에 만주의 간도를 되찾으려 할 것을 우려해 중국이 미리 고구려사를 왜곡까지 하며 으름장을 놓는 것이라는 추측도 있다. 세계의 역사 안에서는 어쩔 수 없이 국경이 변한 경우가 있고, 아주 소멸해버린 민족도 있다. 만주의 여진족이 한 때 중국 대륙을 지배해 청나라를 세웠으나 문화적으로 한족에게 흡수되고 말았다.

철학자 자크 마리탱은 그의 저서 『국가와 인간』에서 말했다.

국가는 역사 안에서 성립하고 해체되는 예가 비교적 자주 있는데 비해 민족은 더 오래간다. 민족은 지역과 인종에 의해서만 이루어지는 것이 아니고 '문화적 혈통'에 의해서도 이루어지기 때문이다. 그리고 민족은 사람들에게 제2의 천성을 갖게 한다.

문화적 혈통은 무엇보다도 언어에 의해 이루어진다. 앞으로 한반도의 통일을 가능케 하는 가장 큰 힘도 '민족 언어'가 될 것이다.

한국은 중국과 언어 면에서 사뭇 다르다. 중국어는 문법이 없는 단음절 언어인데 한국어는 문법이 있는 다음절 언어다. 한국어의 이러한 성격은 알타이어족의 특징이다. 세종 임금이 학자들과 더불어 한글을 만든 이유가 그것이다. "나라말이 중국과 달라 문자로써 서로 통하지 않는다"는 것이다.

한반도의 북쪽에서 나라를 세운 고구려가 중국의 한족으로서 반도의 일부 지역에 들어와 있는 한사군을 끝내 용납하지 못하고 밀어낸 것도 언어의 불통이 큰 이유였다. 고구려가 멀리 아시아의 북쪽 유라시아 길목에 위치해 있던 돌궐투르크족과 가까이 지내려 한 것도 알타이어족이라는 유대감 때문이었다.

중국 수나라의 양제는 612년고구려 영양왕 23년에 고구려와 돌궐의 내통에 불만을 품어 몸소 군대를 이끌고 고구려를 침공했다. 이 때는 고구려가 이미 도읍을 평양으로 옮겨 놓은 뒤였다. 고구려라고 왜 만주의 넓은 땅에서 살고싶지 않았겠는가? 그러나 중국 대륙의 한족이 계속 요동, 만주와 한반도에까지 영토를 넓히려고 공격했다. 고구려는 중국 연나라의 모용황이 이끄는 군대에게 환도성 도읍지를 유린당한 후 도읍을 평양으로 옮기게 된 것이다. 넓은 땅, 큰 나라를 동경하는 마음만은 우리 민족에게 오래 지속되어 왔다.

대동강변 쑥섬 공원에서

함석헌의 『뜻으로 본 한국 역사』는 개편된 책이고 그 원전은 그가 일제시대에 정주 오산학교 조선사 교사로 있으면서 쓴 『성서적 입장에서 본 조선 역사』다. 이 책에 '민족의 당당한 출발'이란 소제목이 붙은 다음과 같은 서술이 있다.

헤아릴 수 없는 태고의 어떤 날
망망한 만주 평원의 초원 위에 트는 여명의 빛
억만고 사람의 자취를 보지 못한 흥안령의 마루턱을
희망과 장엄으로 물들일 때,
체구는 장대하고 근육은 강인한 거인의 일군이
허리에는 제각기 석부石斧를 차고 손에는 강궁을 들고
선발대의 보무로 그 정상에 나타났다.
흐트러진 두발 사이로 보이는 널따란 그 이마에는
인자의 기상이 띠어 있고
쏘는 듯한 그 안광에는 의용의 정신이 들어 있다.
주먹은 굳게 쥐어 강함을 보이고
입은 무겁게 다물어 근후를 나타낸다.
문득 솟은 해가 결승선을 돌파하는 용자와 같이
일약하여 지평선을 떠날 때
그들은 한소리 높여 "여기다!" 하고 부르짖었다.
거인배의 우렁찬 소리는 아침 광선을 타고 천뢰와 같이 울리어 끝없는 만주 벌판으로 달아 내려갔다.

이것은 원래 산문 문장인데 한 편의 서사시로도 훌륭하다는 생각에서 내가 줄 바꿈을 해 보았다. 함석헌의 한국사 사관이 영웅주의는 아니다. 그의 사관은 오히려 한국 민족의 '수난 사관'이다. 너무도 넓은 땅에서 당당하게 출발한 고조선의 역사가 고구려의 멸망으로 반도 안에 위축되었다는 것이다. 그의 지론은 "고구려가 요절을 했고 비명횡사를 했다"는 것이다.

이뿐 아니라 일제의 지배에서 해방된 뒤에는 다시 국토가 남북으로 분단되었으니, 이 역사의 전체 과정이 수난의 역사라는 것이다. 수난의 역사이기는 한데 이것이 무의미한 것이 아니고 인류의 역사에 제공할 어떤 공헌을 소명으로 지닌 수난사라는 것이다. 제2차 세계대전 후 미국과 소련이라는 두 강대국의 냉전적 대치에 희생된 한반도의 남북 분단은 언제든 재통일을 이룸으로써 '평화'라는 큰 선물을 인류사에 안겨 줄 수 있다는 것이다.

그는 늘 민족의 통일을 위해 생각하고 행동했다. 그가 월간지 『사상계』에 「생각하는 백성이라야 산다」라는 글을 쓰면서 말했다.

남한에서는 북한을 괴뢰정권이라 하고, 북한에서는 남한을 괴뢰정권이라 하니 우리는 나라 없는 백성이다.

이 글 때문에 함석헌은 반공법 위반으로 감옥살이를 했다.
2002년 10월 나는 북한에 가보았다. 6 · 15 남북 공동선언으로 가능해진 일이다. 낮 두 시 인천 공항 대합실에 안내 방송이 울려 퍼졌다.

"평양행 고려 항공기를 타실 분은 9번 게이트로 나가십시오."

9번 게이트에서 밖이 내다보인다. 바로 앞마당에 과연 붉은 별을 그린 북한의 고려 항공기가 대기하고 있다. 마치 국내선으로 김해나 제주 공항을 향해 떠날 때처럼 나는 간단한 출국 신고 쪽지를 내고 항공기에 올랐다.

인천 공항에서 이륙하고 정확히 한 시간이 지난 후 고려 항공기는 평양의 순안 비행장에 착륙했다. 내가 서울 시내 인사동에서 수유리 집에 들어갈 때 차가 밀리는 시간이면 한 시간이 걸린다. 꼭 같은 시간이 걸려서 나는 인천에서 평양까지 갔다.

보통강 여관에 숙소를 정했다. 여관의 정문에서 열 발짝쯤 떨어진 곳에 보통강이 흐르고 있었다. 크지도 않고 조용한 흐름이 거의 지상과 같은 높이를 이룬다. 친근해 보이고 그야말로 보통인 물길이 그 자리에서 고조선을 흐르고 고구려를 흘렀으며 또 지금도 흐르고 있다. 그 강은 대동강과 함께 고구려의 대성산성과 안학궁 근처를 휘돌아 흐르고 있는 것이다.

여관에서 시내에 나다닐 때마다 대동문동에 있는 대동문을 거치게 된다. 대동문은 원래 고구려 평양성의 내성 동문으로 6세기 중엽에 세워진 문이다. 높이가 19미터로 높지는 않지만 2층 지붕으로 된 단아한 문이다. 평양 시내 중로동에는 숭령전이 있다. 1429년^{세종} 11년에 세워진 것으로, 단군과 고구려의 시조 동명성왕을 제사 지낸 곳이다. 지금도 전당 안에 단군과 동명성왕의 영정이 안치되어 있으

며, 방문객이 들어가 절을 할 수 있다.

　내가 평양에서 관심을 가지고 찾은 곳은 대동강의 쑥섬 공원 강변이다. 여기쯤이면 고구려 살수(청천강)대첩 때 수나라 수군(水軍)이 따로 대동강에 들어온 장면을 연상할 수 있다. 을지문덕 장군이 수나라 대군의 침공을 막아내 나라를 구한 살수대첩은 청천강 전선에서만 이루어진 것이 아니다. 바다를 건너온 수나라 수군의 침공은 별도로 대동강을 따라 감행되었다. 대동강의 수군마저도 고구려군이 격퇴시킨 데서 살수대첩은 비로소 완성된다. 쑥섬은 대동강의 하류가 시작되는 지점이므로 바로 그 싸움의 복판이었다.

　612년(고구려 영양왕 23년)에 일어난 수나라 군대의 고구려 침략 전쟁은 한국 민족의 역사에서 뚜렷이 기억되어야 할 대목이다. 이 싸움은 고구려가 한반도 내부에 있는 전선에서 강대국인 수나라의 대군에

2002년 평양 대동강 변 쑥섬 공원에서, 필자

맞서 대승을 거두었다는 데 첫 번째 뜻이 있다. 두 번째 뜻은 엄청난 병력의 차이로 고구려군의 전력 규모는 『삼국사기』에 명시되지도 않았는데, 다만 전략과 용기만을 가지고 대승을 거둠으로써 민족의 저력을 과시한 데에 있다. 수나라 임금이 직접 113만 3천8백 명의 군대를 이끌고 요동으로 쳐들어왔다가 이기기 힘드니까 따로 30만 5천 명의 별동대를 반도에 진입시켜 고구려의 을지문덕 군대와 싸우게 했다. 을지문덕은 수나라 군대를 수도 평양의 30리 북쪽에 있는 청천강에까지 유인했고, 잠복시킨 병력으로 반격을 가했다. 수나라 군대는 길을 찾기에도 막연했다. 압록강을 건너 살아 돌아간 수나라 병력은 겨우 2천7백 명이었다. 『삼국사기』 정사의 기록이다. 세 번째 뜻은 수나라가 살수대첩에서 대패한 것에 이어 두 번이나 복수를 시도했으나 뜻을 이루지 못해 나라 자체가 망하고 말았다는 데에 있다.

수나라의 대를 이은 당나라도 역시 고구려의 안시성을 공격하다가 실패했다. 이만큼 동아시아 고대의 국제적 세력 관계에 고구려가 미친 영향이 크다.

이 살수대첩의 또 다른 전장이 대동강이었다. 수나라 수군 사령관 내호아來護兒는 바다 위 3백 척의 함대 행렬을 이루고 7만 명의 병력으로 평양에까지 진입했다. 그러나 왕의 아우 건무建武가 이끄는 고구려군이 평양성의 외성에 잠복시킨 병력으로 반격을 가했다. 진남포 근처 해포鞨浦까지 살아서 돌아간 병력은 수천 명에 지나지 않았다. 그들은 청천강 쪽의 육군이 패퇴한 것을 알고 별 수 없이 본국으로 돌아갔다.

고려조의 정지상은 이 역사의 현장 대동강 변에 서서 시를 지었다.

비 갠 강 언덕에 풀빛이 짙은데
남포로 임 보내는 서글픈 노래
대동강 물이야 언제 마르랴
해마다 이별의 눈물 보태는 것을

— 정지상,「송인送人」

정지상은 문인이었으나 북녘 만주의 옛 고구려 땅을 찾고 싶어했다. 묘청과 의기투합하여 그는 도읍을 평양으로 옮기기를 주장했다. 그러나 묘청의 서경 천노 운동이 실패로 돌아가자 정지상도 잡히어 목숨을 잃었다. 고구려 사람들에게서 물려받은 동경, 넓은 땅에 대한 그리움을 정지상이 앓았던 것이다. 임을 떠나보내는 슬픔이 무엇인가? 이상理想을 떠나보내는 것이다. 대동강 변 쑥섬 공원에서 나는 홀로 오래 서성거렸다.

이 강변 공원에는 또 하나의 역사적 사연이 있다. 1948년 4월에 이 공원의 수목 그늘 아래에서 야유회가 열렸다. 참석자는 김일성 · 김구 · 김규식 · 홍명희 · 조소앙이었고 이 밖에 여러 명이 더 있었다. 남북 정치 협상, 이른바 정당 사회단체 연석회의는 공식적으로 성사되지 못하고 숲 속의 야유회로 변했다. 북쪽의 한 여성 안내원이 그날 그 야유회의 장면에 대해 설명했다.

점심 식사로 대동강에서 잡은 숭어 회와 매운탕이 나왔다. 김구가 젊은 시절에 감옥에서 탈옥한 후 스님이 되어 평양 근처 어느 절에 있었을 때 몰래 대동강 숭어를 먹어보았다고 했다. 이 말을 듣고 김일성이 말했다.

"백범 선생이 그 때 스님 신분으로 숭어 고기를 잡순 것은 좀 지나치셨군요."

좌중에 큰 웃음판이 벌어졌다. 회식 자리 옆에는 원두막도 하나 있었는데 그 안에 장기판이 있었다. 벽초 홍명희는 북쪽의 누군가와 원두막에 올라가 장기도 한 판 두었다고 한다.

남과 북에서 각기 단독정부를 세우는 일을 막자고 모인 이들이 공식적인 회의는 뒤로한 채, 이렇게 한담과 여흥으로 허탈한 시간을 보냈다니, 실로 대동강 물에 눈물을 보태야 할 일이다.

평양에 머무르는 마지막 날 옥류관으로 냉면을 먹으러 갔다. 창 밖에 대동강이 흐르고 건너편에 능라도 숲이 보인다. 냉면이 나오기

전에 손바닥만 한 크기의 빈대떡이 나왔는데 먹어보니 맛이 있다. 내가 "이 빈대떡 한 장 더 줄 수 있어요?" 하고 물으니 북쪽의 여성 종업원이 미소를 머금고 말한다.

"빈대떡이 아니고 부침개야요."

그렇지. 남쪽에서도 부침개 또는 지짐이라는 말도 쓰지. 요는 이렇게 말이 잘 통하다니, 통일도 이렇게 소통이 되면 되는 것이다.

쑥섬 공원을 다녀온 날 밤에는 여관 구내에 있는 노래방에 들렀다. 여관이라 하지만 큰 호텔급 시설이다. 그 안에 다방과 술집과 노래방이 있다. 노래방에는 북한답지 않게 영문으로 'GARAOKE'라고 쓴 네온사인이 걸려 있다. 일본 투숙자들을 의식한 것 같다.

노래방에서 부르는 노래에는 '휘파람', '반갑습니다' 등 북한에서 인기 있는 곡들이 있지만, 의외로 일제 때부터 불러온 대중가요가 상당히 있었다. 노래할 때 자막을 보여주는 스크린은 노래 가사와 관계없는 영상물을 비춰 주는 남한과 달랐다. 노래 가사에 일치하는 장면을 만들어 스크린에 올린다. 이야말로 리얼리즘이라고 할지.

노래방에서 나온 뒤 구내 서점에 들러 2001년판 『가요 100곡집』을 한 권 샀다. 대중가요란에 '고향 설', '나그네 설움', '눈물 젖은 두만강', '목포의 눈물', '홍도야 울지 마라', '찔레꽃'을 비롯해 남한에도 남아 있는 20여 곡의 흘러간 옛 노래가 실려 있었다. 이를 보니 애수와 감상도 인간 본성의 일부이려니 생각되었다. 언어뿐 아니라 노래도 이렇게 남북 사이에 잘 통하고 있다니.

같은 언어, 같은 노래, 같은 문화적 혈통, 같은 민족사의 흐름 안에서 한반도의 남북은 왜 아직도 이산가족으로 살아야 하는가. 어제

묘향산 보현사를 다녀오면서 도중에 건넌 큰 다리 아래 청천강의 한 갈래가 희게 빛나며 흐르는 모습을 보았다. 강의 양쪽이 흰모래와 자갈로 덮여 있었고 물은 맑고 푸르렀다. 강에 청천淸川이란 이름이 붙여진 것이 어울렸다. 큰 나라 중국을 크게 이긴 민족의 대표적인 보루가 이 아름다운 강이구나, 생각했다. 청천강이여, 영원하라.

남한 속의 고구려

고구려가 차지한 땅은 남한 지역의 어디까지였을까? 고구려의 유적과 유물과 땅 이름은 지금도 한반도의 중부 이남에까지 남아 있다.

충북 단양에 가면 온달산성이 있다. 그리고 충추시 가금면 용전리에는 고구려 사람들이 세운 돌비가 있다. '중원고구려비'인데 국보 제205호로 공인되어 있다. 높이가 203센티미터, 폭이 55센티미터이며, 비의 4면에 대략 4백여 개의 글자가 새겨져 있다. 비문에는 고려 태왕, 고모루성, 고구려 관직명 등이 한자로 새겨져 있다. 고구려 장수왕이 남진 정책 이후에 세운 것으로 보인다. 장미산해발 364미터 산성을 뒤에 지고 남쪽으로 남한강을 앞에 둔 이 고구려비의 위치는 남하하는 고구려의 기상을 느끼게 한다. 비각이 세워져 비바람으로부터 보호되고 있다.

이 비의 위치는 충주 시내로부터 5킬로미터쯤 떨어져 있다. 고구려비에서 10킬로미터쯤 거리에 옛 목계 나루가 있다. 남한강의 상류 지점이다. 서울의 아차산성에 올라가 한강을 내려다보면 강폭이

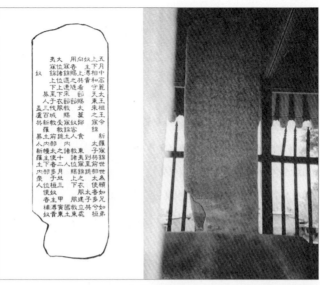

충북 충주시 가금면 용전리에 있는 중원고구려비 앞면 비문과 중원고구려비 실물

중원고구려비 비각

넓어 호수와 같다. 이 강은 양수리에서 북한강과 남한강으로 갈린다. 남한강은 한반도 중심 지역의 남북을 세로로 관통하고 있다. 댐이 막히기 이전 옛날에는 뗏목과 배의 주요 통로였다.

자연히 뱃사람들의 뱃노래 가락도 이 강 위에 울려 퍼졌을 것이다. 고구려 병사들이 오늘의 충북 지역까지 갔다면 그들도 남한강 뱃길을 통해 목계 나루까지 갔을 것이다. 여기서부터 육로로 높은 산마루 새재를 넘으면 오늘의 경북 문경, 즉 신라의 영역이다. 고구려 사람들은 새재를 넘지는 못하고 중원 지역에 하나의 경계비로 용전리 고구려비를 세운 것이다.

고구려 사람들은 기질이 강하고 용감했다. 그들은 남한강을 거슬러 오르는 배에서 어떤 노래를 불렀을까? 나는 샬리아핀이 1930년에 취입한 러시아 민요 음반을 가지고 있다. 거기에 '볼가 강의 뱃노래'와 '스텐카라진'이 들어 있다.

'볼가 강의 뱃노래' 앞머리 곡조는 한국 민요 '뱃노래'와 신기할 정도로 일치한다. "어기어차 어기어차 어기어차차 어기어차 ……" 이렇게 나가는 선율에 실려 사나이의 우람한 목청이 울려 퍼진다. 고구려 사람들의 뱃노래가 이와 같은 목청으로 남한강 뱃길에 울려 퍼지는 장면을 연상하게 된다.

오늘날 자동차 도로로는 목계 휴게소에서 고구려비 쪽으로 질러서 가는 길이 있다. 목계에 가면 신경림의 시 「목계 장터」를 새긴 시비가 있다. 지방자치단체에서 이 고장 충주 출신인 신경림을 위해 세운 시비다.

하늘은 날더러 구름이 되라 하고
땅은 날더러 바람이 되라 하네
청룡 흑룡 흩어져 비 개인 나루
잡초나 일깨우는 잔바람이 되라네
뱃길이라 서울 사흘 목계 나루에
아흐레 나흘 찾아 박가분 파는
가을볕도 서러운 방물장수 되라네
산은 날더러 들꽃이 되라 하고
강은 날더러 잔돌이 되라 하네
산 서리 맵차거든 풀 속에 얼굴 묻고
물여울 모질거든 바위 뒤에 붙으라네
민물 새우 끓어 넘는 토방 툇마루
석삼년 한 이레쯤 천지로 변해
짐 부리고 앉아 쉬는 떠돌이가 되라네
하늘은 날더러 바람이 되라 하고
산은 날더러 잔돌이 되라 하네

　　　　　　　　　　　　　　　－ 신경림,「목계 장터」

목계 나루터에 세워진
시 「목계 장터」의 신경림 시비

　　시 「목계 장터」에서는 "민물 새우 끓어 넘는 토방 툇마루"가 절
창이라고 사람들이 말한다. 고구려 사람들은 목계에 와서 무엇을 했
을까? 신라군이 싸우다가 전사도 했다. 더러는 고구려군이 신라군에
게 포로가 되기도 했다. 용전리에 고구려비를 세울 여유를 가졌던 사
람 중에는 목계 나루에서 술을 마시고 어떤 본바닥 처녀와 눈이 맞아

눌러 앉았을 것이다. 그에게 어울리는 시심은 무엇이었을까? 민물 새우에 맛을 들이기보다는 바람이 되고 잔돌이 되고 싶었을 것이다. 돌아갈 북쪽 고향은 너무 멀고, 바람결로나 저 대동강쯤에 돌아가 보았을 것이다. 그러한 고구려 청년이 분명 있었을 것이다.

고구려는 오늘의 남한 지역에 비석만을 세운 것이 아니다. 그들은 각 고을에 고구려식 지명을 붙이기도 했다. 한자로는 홀忽 또는 동洞으로 썼지만 지명으로서의 음가는 '골'이라고 보는 것이 국어학계의 견해다.

실제 지명으로 동비골冬比忽, 개성, 미추골彌趨忽, 인천, 매골買忽, 수원, 나혜골奈兮忽, 안성, 잉골仍忽, 음성 등이 있다. 「용비어천가」에 나오는 북녘의 지명으로 동洞이 '골'로 읽히는 예가 있다. 가막골[加莫洞], 배암골[蛇洞], 마근담골[防墻洞] 등 끝에 '골'이 붙는 것들이 고구려식 지명이다.

지명은 하루 이틀의 전쟁에서 지배된 결과로 생기는 것이 아니다. 오랜 기간의 정치적 행정이 각 고장에 붙인 이름이다. 그런 만큼 남한의 경기도 및 충북의 향토사에는 고구려의 정서가 남아 있다.

최근에는 서울의 광나루 강가 워커힐 호텔 뒤에 있는 아차산성 일대에서 고구려 유적과 유물이 많이 발굴되고 있다. 아차산성은 서울의 광진구 구의동과 광장동, 그리고 경기도 구리시 사이에 위치한다. 산성 위에서는 계속 추진된 발굴 작업의 결과로 고구려군의 보루 열입곱 군데가 확인되었다. 이 보루들은 4미터 높이에 2백미터쯤의 둘레로 축조된 군영이다. 각 보루에서는 흑색과 갈색의 고구려 토기와 철제 농기구 및 무기류가 출토되었다.

제4보루의 경우만 보더라도 토기류 538점, 옹기류 109점, 철제 무기류 197점, 농기구 45점에 이른다. 이 정도가 되면 역사 유물 및 생활사 유물의 박물관을 설립할 만하다.

지금 고구려는 북한의 평양과 청천강에만 있는 것이 아니다. 남한의 충북 중원 지역과 특히 서울의 아차산성에 풍부하게 남아 있다. 온달산성이 있는 충북 단양에서는 2004년 10월에 '온달 문화제'를 개최했고, 2005년 여름에는 부산을 비롯하여 대구, 충주, 전주, 서울에 걸쳐 '고구려 대축제' 행사가 진행되었다. 앞으로 남과 북이 더욱 원활히 내왕하면서 우리 민족사 안의 고구려를 살려내고 누려야 할 것이다. 2004년에 유네스코가 북한의 고구려 유적을 세계 문화유산으로 등재할 때에 남과 북의 문화재 당국이 긴밀히 협력했던 것처럼 말이다.

김유신과 소정방이 맞선 기벌포

고구려를 생각하면 함께 생각하게 되는 것이 있다. 그것은 신라에 관한 문제다. 함석헌이 고구려 역사의 중단을 애석하게 생각한 데에는 신라에 대한 원망이 담겨 있다. 각기 부족국가로 고구려·백제·신라가 한반도와 만주에 걸쳐 나뉘어 있었지만, 신라가 생판 다른 민족인 당나라 군대를 불러들여 함께 백제와 고구려를 공격한 것이 큰 잘못이라는 것이다.

많은 사람이 신라의 삼국 통일에 대해 이와 같은 갈등을 느끼고 있다. 신라는 이 문책에서 자유롭기가 어려운 것도 사실이다. 그러나 신라도 당나라와의 연합군 편성이 즐겁기만 했던 것은 아니다. 거기에는 나름의 고뇌도 있었으며, 저질러진 역사적 과오를 바로잡으려한 고투도 있었다.

이 점을 생각해 주는 이는 많지 않다. 그러나 이 문제에 대한 이해와 화해가 없이는 한반도 영역에 살고 있는 민족의 역사적 명분을 바로 세우기가 어렵다.

문제의 경위에 대해 결론부터 말한다면 신라는 당나라 소정방의 군대와 만나던 첫날부터 격렬하게 대립을 드러냈고, 연합 전선은 어쩔 수 없이 유지하는 한편으로 당나라와의 7년 전쟁을 치뤄 나아갔다.

이 역사적 재앙의 첫날은 660년무열왕 7년 7월 9일이었다. 신라 김유신이 당나라 소정방을 처음으로 대면한 순간이다. 그 장소는 백마강 하구에 있는 '기벌포伎伐浦'라는 곳으로, 『삼국유사』에는 장암長岩 또는 백강白江이라고 되어 있다.

김유신의 군대가 기벌포에 도착해 소정방의 군대와 만났다. 그런데 소정방은 신라 군대가 약속된 날에서 하루가 늦었다며 김유신 휘하의 참모장인 김문영의 목을 베겠다고 했다. 이에 김유신은 주위가 다 들리게 큰 소리로 항의했다.

"우리는 황산벌에서 백제의 계백 장군 군대를 만나 싸우느라고 늦었는데, 이처럼 내 참모장이 벌을 받는 모욕을 당할 수는 없다. 우리는 마땅히 당나라 군대와 먼저 싸워 결판을 낸 뒤 백제를 공격하겠다." 이렇게 외치고 김유신이 도끼창을 내어 짚고 진두에 서니 그의

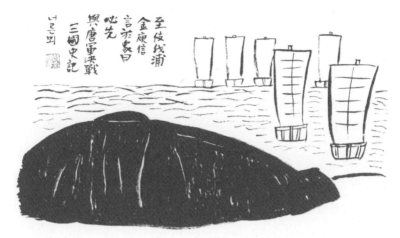

至伎伐浦
金庾信
言於衆曰
必先
與唐軍決戰
三國史記

신라 김유신이 당나라 소정방에 대결한 기벌포(장항)

머리칼이 모두 일어나 뻗치고 허리에 찬 칼집에서 큰 칼이 저절로 튀어나왔다. 이에 소정방의 참모 동보량이 발을 구르며 소리쳐 말하기를 신라 군대의 움직임을 감당할 수 없다고 했다. 이에 소정방은 신라군의 참모장 김문영을 처벌하겠다던 조치를 취소했다.

－『삼국사기』 태종무열왕조

신라의 김유신이 당나라의 소정방을 첫 대면하는 자리에서 맞서 싸우겠다고 선언하자 당나라 소정방이 기가 죽어 물러서는 장면이다. 13만의 큰 병력을 이끌고 황해를 건너온 소정방은 당초에 기세가 등등했는데, 5만 병력을 이끌고 온 김유신의 기백에 지고 말았다. 이것이 이른바 사대주의 사학자로 불리우기도 하는 김부식의 기술이라는 점이 또한 이채롭다.

이 역사적 기록의 현장 '기벌포'를 나는 늘 내 발로 찾아가 확인하고 싶었다. 기벌포가 어디인가? 이병도 역『삼국사기』는 기벌포가 '장항'이라고만 괄호 안에 기재해 놓았다. 나는『서천읍지』를 구해 보았다. "기벌포는 오늘의 장항읍 장암동長岩洞이라고 되어 있다. 백마강 하구 바닷가에 '긴 바위'가 있는 지점을 찾으면 될 것 같았다.

어느 날 나는 느닷없이 장항 가는 기차표를 끊으려 서울역에 갔다. 하지만 장항선은 용산역에서 출발한다고 한다. 다시 용산역으로 가서 장항행 새마을호 표 한 장을 샀다. 하루에 다녀올 수 있는 거리고, 나는 바닷가의 '긴 바위'만 확인하면 되는 것이다. 장항선 열차가 서천 근처에 접어드니 마치 지난 날에 수인선 협궤 열차를 탔을 때처럼 기차는 예사로운 시골 마을과 나지막한 동산이 뿜어내는 고적한 분위기를 싣고 달려간다.

기차가 종점인 장항역에 닿자 나는 역 앞에서 대기하고 있던 택시에 올랐다.

"장암동 바닷가로 갑시다."

택시 안에서 나는 기사에게 물어보았다.

"바닷가에 긴 바위가 있는 데를 압니까?"

기사는 하필 이 고장 출신이 아니라고 하며 분명한 대답을 못 했다. 거의 바닷가에 온 듯해서 창밖을 내다보니 바위가 있기도 한 동산 언덕이 보였다. 차를 세우고 내렸으나 그쪽은 시내 쪽이지 바다 쪽이 아니었다. 다시 바다 쪽을 향해 돌아서 보았다. 그런데 이것이 웬일인가. 바로 눈앞에 집채보다도 몇십 배 큰 고래 모양의 검은 바위산이 누워 있지 않은가.

장항에는 문화원이 없어서 읍사무소 총무과에 전화를 걸어 물어본 적이 있다. 그 때 읍 직원은 LG 금속 공장이 있는 데가 기벌포 자리라는 설이 있다고 말했다.

바위 몸통에는 크고 흰 글씨로 "안전 제일"이라고 씌어 있었고, 위 등 부분에는 하늘 높이 수직으로 뻗친 굴뚝이 서 있었다. 여기가 LG 금속 공장 근처냐고 하니까 기사는 "그렇습니다" 한다. 나는 다시 택시에 올라 바닷가로 더 나아가 이 큰 바위의 뒤쪽을 보자고 했다. 그 바다 쪽으로 과연 공장 건물도 보였다. 이 공장에서 연돌을 타고 불길과 연기가 저 높은 굴뚝으로 올라가는 모양이었다.

나는 비로소 내 발과 눈과 손으로 기벌포 '장암'을 확인하게 되었다. 내가 기행紀行을 하는 방법은 어떤 형체의 구조를 분석하거나 아름다운 경관을 목격하는 것이 아니다. 이 민족 역사의 어떤 중요한 의미가 인연을 맺고 있는 땅과 강과 바위와 산, 이런 자연으로서의 근거를 확인하는 것이다.

'장암'을 내 몸으로 확인하고 나서부터 나의 기벌포 확인 작업은 술술 풀려나갔다. 장암이 있는 부근의 마을 이름은 지금도 장암동이다. 옆에 있던 항동과 합쳐서 일제 때 '장항'이란 지명이 생겼다. 장암 밑으로 내가 택시를 타고 들어갔던 저지대는 원래 질척한 갯벌이었다. 밀물 때 고깃배가 들어왔고, 특히 당나라 소정방의 군대가 하선을 할 때 버드나무 가지를 엮어서 깔고 나서야 땅에 오를 수 있었다.

그러니까 바로 이 갯벌 앞 넓은 공터에서 소정방과 김유신이 처음으로 만나 기 싸움을 벌이고 김유신이 이긴 것이다. 장항에서 금강백강 하구를 건너가면 오늘의 군산이다. 군산에서 동쪽 교외로 나가면 준수하게 높이 치솟은 오성산이 있다. 이 오성산도 소정방의 군대에 관련된 역사를 지니고 있다. 나는 오성산 밑에도 찾아가 경건한 마음으로 산꼭대기를 올려다보았다.

이 지역은 소설가 채만식의 고향인 임피현臨陂縣이기도 하다. 『여지도서』의 임피현 '고적'란에 다음과 같은 설명이 있다.

당나라 소정방의 군대가 백강 하구로 상륙해 백제의 수도 사비성을 향해 진군하면서 이 지역에서 가장 높은 오성산을 진영의 근거로 삼았다. 마침 안개가 짙게 낀 날씨여서 당나라 군대는 방향을 알 수 없었다. 그 때 오성산 기슭에 이 고장의 노인 다섯 명이 모여 있으므로 당나라 군인들은 사비성으로 가는 길을 물었다. 노인들은 말하기를 너희가 우리나라를 쳐들어와 도읍을 함락시키러 간다는데 우리가 길을 가르쳐줄 수는 없다고 하며 아무도 협조하지 않고 오히려 불쾌해하였다.

소정방의 군대는 즉시 이 다섯 노인의 목을 베었다. 당나라 군대가 결국 사비성을 함락시키고 다시 이동을 하는데 역시 이 산 밑을 지나가게 되었다. 이 때 소정방이 부하들에게 말했다.

"지난 날에 우리가 이 산기슭에서 백제 노인 다섯의 목을 베었는데, 조국을 사랑하는 그들의 충절 자체는 존경할 만하다. 그들의 시체가 어디에 있는지 다시 수습해 이 산의 높은 데에 묘소를 만들고 잘 묻도록 하라."

그리하여 다섯 노인의 시체는 산꼭대기 묘소에 잘 안치되어 오늘날까지 남아 있다. 그 일로 인해 이 산을 오성산五聖山이라 부르게 되었다.

지금 군산시는 오성산 제례 위원회가 주관하는 '오성 문화 제례' 행사를 여러 해 동안 개최해오고 있다.

역사 다시 짜기

전선의 뒤에 있는 신라 왕실에서도 외국 군대를 불러들인 데 대한 자책과 갈등이 계속 나타난다. 전설적인 내용을 상당히 수용한『삼국유사』의 기록이므로 좀 과장이 있는 듯하지만, 백제가 망하자 신라의 태종무열왕은 하루에 쌀 세 말과 꿩 아홉 마리를 먹던 것에서 바로 점심 한 끼를 줄였다고 한다. 하루에 먹는 양으로는 여전히 적다고 할 수 없지만, 백제가 망한 것을 계기로 점심 식사를 끊었다는 사실 자체는 무슨 뜻인가.

또 659년무열왕 6년에 왕은 밤에 이상한 꿈을 꾼다. 지난 날 황산벌에서 전사한 신라 화랑 장춘랑과 파랑이 왕 앞에 나타난다. 자신들은 죽은 뒤에도 나라를 위해 전선에 종군하고 있는데 당나라 소정방 군대의 위세 때문에 마음이 불편하니 자기들에게 따로 병력을 마련해달라는 것이다. 꿈에서 깬 왕은 두 화랑의 명복을 위해 북한산주에 장의사壯義寺라는 절을 짓게 했다.

북한산 능선에는 신라 진흥왕이 직접 순시를 하고 세운 비석도 있다. 여기에는 북쪽 국경에 대한 생각이 엿보이며, 민족 통일에 대

장의사지 당간지주. 서울 세검정초등학교 안에 있다

한 소망과 고뇌가 담겨 있다.

장의사는 서울 북쪽 자하문 밖 세검정 위 언덕에 있었다. 조선조 연산군 때 절이 없어지고 그 자리에 지금 세검정초등학교가 들어서 있다. 다만 그 절터에 '장의사지 당간지주'보물 제235호로서 높이 약 4미터 되는 돌기둥 두 개가 쓸쓸히 서 있다. 서울 종로 조계사 앞에서 버스를 타면 15분밖에 걸리지 않는다. 이 장의사지 당간지주야말로 민족 주체의 역사의식을 상징하고 있다.

태종무열왕은 삼국 통일의 완수를 보지도 못하고 661년재위 8년에 세상을 떠난다. 무열왕이 되기 전 김춘추는 선덕여왕 밑에서 중신으로 활약하던 때에 고구려의 보장왕을 찾아갔었다. 당시 신라는 백제와 잦은 전쟁을 치르고 있었다. 641년선덕왕 11년에 백제군이 대야성합천에 쳐들어와 장수 품석과 그의 아내까지 죽였다. 품석의 아내는 김춘추의 딸이었다.

심히 비통해하던 끝에 김춘추는 고구려와 협력해 백제의 공격을 막아보려 했다. 그러나 김춘추는 고구려에 가서 뜻을 이루지 못하고 오히려 생명의 위협까지 받다가 겨우 살아 돌아왔다.

당시 고구려에서는 연개소문이 영류왕을 죽이고 보장왕을 세운 후 정권을 차지하고 횡포를 부리고 있었다. 뒤에 김춘추는 추대를 받아 태종무열왕이 되었고, 나름으로는 할 수 없이 당나라의 지원을 요청했던 것이다. 그러나 당나라가 신라마저도 넘보는 태도를 보고 자책 속에 괴로워하다가 일찍 세상을 떠난다.

태종무열왕이 죽음을 맞이할 때 원래 백제의 땅이었던 금마익산에서 이상한 일이 있었다고 한다. 땅으로부터 피가 흘러나와 땅을 적

文武王十年秋八月一日

虛地金馬安勝

爲高句麗王   너른뫼

고구려 유민과 새 고구려 왕이 머무른 익산 금마

신 것이다. 그리고 이어서 무열왕이 죽었다.

　　고조선의 기준箕準이 내려와 마한을 세웠다는 금마는 원래 백제 무왕이 부여 외에 제2의 도읍으로 아끼던 곳이다. 그가 마를 캐다 팔던 소년에서 임금이 되기에 이른 경위는 전설적이다. 무왕이 신라 진평왕의 딸 선화공주를 아내로 맞아 살면서 이 금마에 미륵사를 지은 것으로 전해지며, 미륵사 절터와 석탑이 남아 있다. 높이는 6층,

14.24미터로 동양에서 가장 크다. 균형미가 빼어나며 부드럽고 섬세한 운치를 지녀 국보 제11호로 지정되어 있다. 미륵사에 미륵불이 모셔졌던 만큼 중생제도의 민중의식이 되새겨지게 하는 이 곳은 익산시 금마면 기양리에 있다. 익산 역에서 6킬로미터쯤 되는 거리이며 승용차로 20분 걸린다.

한편, 고구려 유민들이 안승安勝을 '고구려 왕'으로 추대하고 이 금마에 와서 거점을 이룩한 일도 있었다. 신라의 문무왕은 금마의 고구려 왕을 인정했다.

신라 문무왕 10년 8월 1일에 신라 왕은 고구려의 후계자 안승에게 서한을 보내노라. 공의 태조 고주몽 왕은 덕을 북쪽 땅에 쌓고 공을 남쪽 바다에 세워 위풍이 국토에 떨쳤고, 어진 교화가 한사군의 땅도 덮었다.

연개소문의 아들 남건과 남산 형제 때에 화가 집안에서 일어나고 틈이 골육 사이에 생겨 집과 나라가 무너지고 종묘사직이 끊어지지 않았는가. 무릇 백성은 임금이 없어서는 안 되며 하늘은 반드시 운명을 돌보아 주도다. 이제 정통의 후계로는 오직 공이 있을 뿐이니, 삼가 사신으로 수미산을 보내어 신임장을 전하고 공을 고구려 왕으로 삼도다. 공은 마땅히 유민들을 어루만져 모으고 옛 전통을 이어 일으켜 길이 이웃 나라가 되어 형제와 같이 지낼지어다. 삼가고 삼갈지어다. 겸하여 멥쌀 2천 석과 갑옷 갖춘 말 한 필과 비단 다섯 필고 견직과 가는 베 각 열 필과 솜 열다섯 근을 보내니 왕은 이를 받을지어다.

이것은 백제와 고구려가 망하고 676년 11월에 다시 기벌포에서 당나라 군대가 신라 군대에 패전해 마지막으로 바다를 건너가기 7년 전에 있었던 일이다. 그러면 고구려 유민과 백제 유민은 이 7년 동안에 어떠한 태도를 취하고 있었던가?

고구려와 백제의 유민들은 각기 자기네 왕조에 문제가 있었던 것을 알았다. 고구려엔 연개소문의 폭정이 있었고 백제에는 의자왕의 방탕이 있었다. 비록 왕조는 무너졌으나 유민들은 언어도 안 통하는 이민족과 어울리기가 어려웠다. 고구려 · 신라 · 백제는 서로 다른 방언을 썼어도 언어가 통하는 같은 민족이었다.

유민들은 서당誓幢이라고 하는 일종의 군대 조직에 편성되어 들어갔다. 그리고 이 부대들은 신라 군대와 연합해 당나라 군대에 대항하게 되었다. 신라 군대는 옛 백제 땅 석성부여군 석성면에서 최초로 당나라 군대를 크게 공격했다. 이 전투에서 신라군은 당나라 병사 5천3백 명을 죽였다.『삼국사기』기록으로는 모두 참수(斬首)를 했다고 되어 있다. 그러나 그냥 죽었다는 뜻으로 보아야 할 것이다. 5천3백 명의 목을 어떻게 일일이 베었겠는가. 이어서 고구려와 백제의 유민 부대들이 또한 당나라 군대와 싸우는 데에 가담했다.

그리하여 마지막 전투는 다시 기벌포에서 해전海戰으로까지 전개된다. 676년문무왕 16년 11월의 일이다. 스물두 차례에 걸친 이 기벌포 전투에서 당나라 군대는 군사 4천여 명을 잃고 병선 마흔 척과 군마 1천 필을 빼앗겼다. 그리고 황해를 건너 중국 땅으로 돌아갔다. 평양에 있던 당나라 군대의 안동도호부는 이미 그해 2월에 만주의 요양봉천으로 철수한 뒤였다.

이제는 반도 내부에서 민족의 재정비가 이루어지게 되었다. 외국 군대를 끌어들인 신라에도, 정치가 어지러운 고구려와 백제에도 잘못이 있었다. 위축이 된 채로 민족의 내부 통일되었다. 그러나 신라의 운세는 점차로 탈진해가고 있었다.

　　그리하여 고려의 시대로 넘어갔다. 신라를 복속시킨 왕건의 고려는 왜 도읍을 남쪽의 변두리 경주에서 북쪽의 변두리 송도로 옮겼을까? 여전히 고구려 유민의 땅이 북쪽에 있으니 민족 판도의 중앙 지점은 송도쯤으로 되는 것이 바람직했다.

　　나라 이름을 '고려'라 한 것도 '고구려'를 그대로 쓴 것이나 마찬가지다. 고구려 당시를 가리켜 고려라고도 한 예도 있다. 중국 당나라의 대표적 지리학자였던 증선지曾先之의 책 『십구사략통고』에서도 신라·백제의 북방에 '고려'를 그려놓았다. 충북 중원의 고구려비에도 고구려가 고려로 기록되어 있다.

　　지금 세계 2백여 나라 중에서 우리나라의 국가 경쟁력은 상위권에 들어서 있다. 이것은 경제의 힘만이 아니다. 이러한 일을 가능케 한 데는 국민의 역량이 있다. 그 역량의 밑바탕에는 전통 문화의 질과 차원이 있다. 일찍이 고구려의 담징과 백제의 왕인은 일본에까지 가서 문화를 전했다. 유라시아 통로와 실크로드를 통해 오고 간 대륙의 문화가 동쪽의 종착역에 자산과 저력으로 축적되어 있는 것이다.

　　이제 한국을 가리켜 동아시아의 허브라든가 동아시아의 균형자라는 말을 쓸 때 그 개념이 물리적인 것에 한정되어서는 안 된다. 문화의 질을 가지고 하는 말이 되어야 한다.

한국 인문학의 터전

감당할 수 없는 바다

세상은 '의미'로 가득 차 있다. 그 의미가 무엇인지 미처 모르더라도 사람은 하늘과 땅 사이에 충만한 어떤 의미가 있음을 가슴으로 느낀다.

문학 기행을 떠난 한 떼의 학생이 삼척의 바닷가 모래밭에 이르렀다. 함께 간 교수가 학생들로부터 떨어져 홀로 바다를 바라보고 앉아 있다. 한 여학생이 후배 한 명을 데리고 교수 곁으로 다가와 앉는다. 여학생은 시선을 모래밭에 떨어뜨리고 앉아 있다. 교수가 말한다.

"인숙아, 너는 바다를 좋아하지 않는 것 같다."

"교수님, 저는 저렇게 끝없이 트인 큰 바다를 대하면 감당이 안 돼서 감히 마주 바라볼 수가 없어요."

학생의 느닷없는 대답에 교수는 충격을 받고 할 말을 잃는다. 겨우 한 마디 한다.

"너는 시를 써도 되겠다."

몇 해 뒤 그 인숙이가 교수를 만났다.

"저는 교수님 때문에 인생이 고단하게 되었어요."

"그게 무슨 말이야?"

"제가 교수님의 글을 읽지 않았으면 대학원에 가지 않고 일찍 시집 가서 편하게 잘 살았을 텐데요. 논문은 써지지 않고 너무 힘들어요."

제자의 이 응석 섞인 농담에 스승은 말없이 미소로 응대한다. 그러면서 이들은 그 어떤 의미와 가치를 찾아 다정하게 함께 간다.

삼척에서 남쪽으로 더 내려가 있는 울진 바닷가 언덕에 조선조의 시인 송강 정철^{鄭澈, 1536-1593}이 들렀다. 16세기 중반, 1580년 1월의 어느 날이다. 그는 바다를 보며 시를 썼다.

바다 밖은 하늘이니
하늘 밖은 무엇인고

"천근^{天根}을 못내 보아 망양정에 오른 말이"라는 한 줄이 앞에 붙어 있다. 『관동별곡』의 한 대목이다. 학부의 한 학생은 바다를 바라볼 수 없다고 했는데, 당시 45세였던 정송강은 바다 밖의 하늘과 하늘 밖의 어떤 절대적 근원에까지 마음을 두었다. 그는 어떻게 그럴 수 있었을까?

정자 문화의 '문화'는 무엇인가

전남 담양에 가면 송강이 국문 가사 문학을 배운 곳으로 송순宋純, 1493-1583의 정자 면앙정俛仰亭이 있다. 하지만 이 곳에는 송강이 시를 지은 장소라는 것 외에 더 큰, 다른 의미도 어려 있다. 면앙정은 16세기 호남 정자 문화권의 온상이었다.

정자 문화의 '문화'는 무엇인가? 그것은 문학을 포함하면서 철학

담양의 면앙정

과 사상, 정치적 현실 참여와 투쟁, 귀양살이와 죽음, 돌아와 은둔하며 정진하는 수양, 지조와 의미, 우정과 낭만, 이 모두를 뜻한다. 그것은 전인적全人的인 삶, 사람다운 삶, 삶의 의미와 가치를 뜻하는 것이다. 이러한 일들이 담양의 정자 문화권에서 가능했을까? 물론 이것은 역사 안에서 실제로 있었던 일이다.

담양 정자 문화권에는 인맥과 인간관계, 그들의 역사의식과 운명의 성쇠, 그리고 무엇보다도 영원히 끝나지 않는 '의미'의 추구가 있었다. 이 '의미' 문제는 21세기 오늘의 한국 현실과 세태 문제에도 참고가 되며, 사색할 자료가 된다.

'사색'이란 말을 들어보기가 어려운 것이 오늘의 세태다. 이 단어가 고루하고 어색하게 느껴질지도 모른다. 언제쯤이면 우리에게 익숙해진 이 잘못된 풍속에서 벗어나, 자연의 본성을 다시 바라볼 수 있을지……. 이 '의미'의 역사 여행을 떠나보자.

면앙정에 오르다

전남 담양읍에서 남쪽으로 바라다보면 제월봉이 있다. 광주의 무등산이 갈라져 나온 줄기다. 이 산의 끝 뿌리 언덕 위에 면앙정이 있다. 면앙정은 정자의 이름이며 또한 정자의 주인인 송순의 아호다.

대나무 숲을 옆에 끼고 계단을 올라 중턱의 평지를 걷고, 또 여러 계단을 다 올라가면 정자와 함께 정자 전면에 아늑한 마당이 있다. 면앙정의 기와지붕은 큰 날개처럼 넉넉한 추녀를 펼치고 있다.

정자 주위를 한 바퀴 둘러보면 서쪽과 남쪽으로 넓은 들이 내려다보인다. 들의 끝에는 병풍처럼 둘러선 산들이 있다. 송순 당대에는 면앙정 바로 밑으로 여계천 냇물이 흘렀다. 지금은 물길이 바뀌어 들의 서쪽 끝에서 영산강으로 흘러드는 오례천 냇물이 있다. 사람의 가슴을 탁 트이게 하는 시원스런 전망이 갖추어진 정자다.

쓸쓸한 겨울철에는 이 높은 언덕 위 정자에 찾아오는 이가 거의 없다. 그러나 정자의 주인 송순이 생존한 시절에는 철을 가리지 않고 손이 모여들었다. 전국 각지에서 이름 높은 문인들이 찾아왔다. 담양을 포함한 인근 호남 지역의 문인이 모두 모여들었음은 물론이다. 임억령, 양산보, 김인후, 기대승, 고경명, 송강 정철, 김성원 등이 바로 그런 이들이다.

이 중에서 가장 나이 많은 어른이 면앙정 송순이다. 기대승 이하 정철, 고경명, 김성원 등은 면앙정에 비해 서른 살쯤 차이가 나는 젊은이였다. 이들은 사제 간이지만 또한 서로 어울려 시 모임을 가졌다. 면앙정 외에도 동쪽으로 20리쯤 거리에 식영정과 소쇄원이 있고, 담양에는 이 밖에도 송강정, 하서당, 환벽당 등 정자와 누각이 있다. 그리하여 면앙정 시단·식영정 시단·소쇄원 시단 등의 시 모임이 있었다.

이 중에서 면앙정 시단이 호남 시단의 요람이었다. 송순은 1533년 그의 나이 41세에 면앙정을 지었다. 그가 경상도 지역 암행어사를 지내고 돌아온 때였다.

1579년^{선조 12년} 면앙정에서 경이로운 잔치가 벌어졌다. 면앙정 송순의 회방연回榜宴이었다. 회방연이란 과거에 합격한 지 예순 돌이 되는 해를 기념하는 행사로, 그 때 송순의 나이는 87세였다.

선비가 과거에 급제하면 임금이 축하와 격려의 뜻으로 꽃다발과 술을 내렸는데, 그것을 어사화와 어사주라고 했다.

당시 서울에서 홍문관 교리 자리에 있던 송강 정철이 송순의 회방연에 두 번째 어사화와 어사주를 가지고 면앙정에 왔다. 전라도 도백을 비롯해 고을 원들이 축하하러 왔고, 호남의 문인도 모두 모였다.

잔치가 끝날 무렵 주인공인 송순이 유쾌하게 취했다. 이 때 정철이 "선생님은 우리 제자들이 댁까지 모시겠습니다"라고 제안했다. 정철, 기대승, 고경명, 임제가 나서서, '남여'라고 하는 포장이 없고 의자처럼 생긴 가마에 스승을 태웠다. 앞과 뒤에서 두 명씩 가마의 멜빵을 어깨에 걸었으니, 이 광경을 본 모든 이가 흐뭇해했다. 이것이 호남 지방의 문인들이 사는 모습이었다.

송순의 이 같은 호사는 당대에 드문 경우였다. 연산군의 폭압 정치가 끝난 뒤에도 정계의 여기저기에 수구적 부패 관료들이 버티고 있었다. 조선 왕조 나름으로 이른바 '상소'라고 하는 언로가 열려 있었는데, 권모술수의 무리가 공작을 하고 모함을 거듭해 임금에게 상소하면 무고한 충신들이 죽어갔다.

중종 임금의 두터운 신임을 받았던 조광조는 전라도 능주로 귀양을 가 그 곳에서 사약을 받아 죽고 말았다. 정치적 반대 세력의 모함 때문이었다. 그들은 궁궐 안에 있는 나뭇잎에 꿀물로 '주초위왕走肖爲王'이라는 글씨를 썼다. 그리하여 벌과 벌레들이 꿀물 묻은 자리를 갉아먹음으로 나뭇잎에 글씨가 나타났다. "조趙 씨가 임금이 된다"는 조짐이라는 소문이 퍼졌다. 이 때문에 율곡 이이가 "동방의 현인賢人"

이라고 극찬한 바 있는 조광조가 억울하게 죽은 것이다.

중종 임금은 좋은 의미에서 개혁적 신진 인사들을 정계에 등용했다. 1519년에 조광조는 이른바 현량과賢良科 제도를 조정에 건의했다. 중종 임금이 이 건의를 받아들이고, 직접 나서서 스물여덟 명의 개혁파 인사를 현량과에 급제시켰다. 조광조는 소격서를 폐지해 미신을 타파하고, 향약을 실시해 민중의 복지와 문화의 균형적인 발전을 주친했으며, 부패한 관료에게 잘못 주어진 훈작을 삭탈하기도 했다. 그러나 그의 노력은 결국 무리한 급진적 개혁으로 몰리고 말았다.

조광조와 개인적인 친분이 있었던 송순은 의리를 지켜 그의 누명을 벗기려 해보았지만 역부족이었다. 1547년에 송순은 이른바 양재역벽서사건이라는 알 수 없는 조작극에 연루되어 1년 반의 귀양살이를 한 후 풀려났다. 이것은 수구 권신들이 개혁적 사림파를 말끔히 몰아내려 한 공작 때문이었다.

그런데 어떻게 송순은 회방연을 치를 정도로 무사할 수 있었을까. 뒷날 송강 정철이 말했다.

"면앙정 송순 선생은 60년 벼슬살이 중에 단 한 번의 귀양살이를 겪고 대체로 평탄했으니 보기 드문 경우다."

송순은 결코 남의 눈치나 보는 기회주의자는 아니었다. 그는 늘 할 말은 하는 사람으로, 한 때는 반대 세력의 반격을 받아 위기에 처하기도 했다. 하지만 그 때마다 곁에서 송순을 두둔하고 변호해 주는 사람이 나타나 결국 무사히 문제가 해결되었다.

이것은 평소에 송순이 학문을 연마하고 처세에 임하면서 "자신의 수양에 힘쓰고 다른 사람들을 편하게 해 주었다修己安人"는 평판에 힘입은 것이다. 더 상세히 말하자면 "사람을 대할 때에 공경[敬]하는 마음을 지니고, 일을 처리하는 데엔 정직[直]으로 임한다"라는 것이다.

그렇기에 그가 하는 바른 말은 누구에게도 공격하는 것으로 들리지 않고, 이치를 따져보면 마땅해서 사람들이 납득을 하게 되는 것이다. 이것은 또 단순히 수양의 차원만도 아니다. 송순에게는 호연지기浩然之氣와 초탈의 차원이 있었다.

그것은 '하늘과 땅 사이에' 면앙정이란 정자를 지은 그의 우주론의 철학이다.

내려다보면 땅이 있고	俛有地
올려다보면 하늘이 있다	仰有天
이 가운데에 정자를 지으니	亭基中
호연지기가 일어난다	興浩然
시를 불러들이고	招風月
산천을 당겨 놓아	揖山川
명아주 지팡이 짚으며	扶藜杖
백 년을 살아가리	送百年

이것은 담양의 면앙정 안벽에 걸려 있는 삼언시三言詩다. 면俛 자는 부俯 자와 마찬가지로 내려다본다는 뜻으로, 흔히 앙천부지仰天俯地한다는 것은 "하늘을 보고 땅을 본다"는 것이다. 그 가운데에 사람[人]이 있으니, 이 셋이 우주를 구성한다는 깃이 동양의 가장 오랜 철학서인 『역경』의 근본원리다. 이 셋 가운데서도 사람은 우주의 마음이

며, 무엇을 어떻게 할 수 있는 능력[成能]을 가지고 있다고 『역경』의 「계사하전」에서는 말하고 있다.

이래서 인간은 위대한 것이다. 인간이 다만 우주의 한 부분이거나 파편에 불과하다면 위대할 것이 없다. 막연하고 허무할 것이다. 인간이 능동적으로 또는 창조적으로 일을 하기에 따라서 우주의 의미와 가치가 완성될 수 있다는 희망을 우리는 가질 수 있다. 이것이 정자의 이름 '면앙정'이 상징하는 큰 뜻이다.

정자는 그냥 늙은이들이 모여서 노는 경로당이 아니다. 술이나 마시고 바둑이나 두는 장소가 아니다. 이 곳은 철학과 세상 경륜을 연구하고 시를 짓는 문화적 도량이다. 정자는 들판의 어느 원두막처럼 소홀한 구조물도 아니다. 튼튼한 기둥들이 견고한 기와지붕을 이고 있으며, 넓은 마루뿐 아니라 마루의 어느 한 쪽에 온돌방 한 칸을 가지고 있다. 온돌의 아궁이는 정자의 뒤편이나 옆에 있으며, 지상에 나지막하게 서 있는 굴뚝의 연기 구멍도 기와 몇 장으로 운치 있게 치장되어 있다.

온돌방에는 책과 붓, 먹, 벼루, 화선지가 있으며, 주인의 흥취에 따라서는 시루로 내린 약주나 소주가 있다. 정자에서 시 모임이 있던 시절에는 당연히 그렇게 되어 있었다. 이 정자에서 저 정자로 서로 오가며 이들이 지은 시가 얼마나 많던가. 담양의 성산 기슭 정자들을 오가며 호남의 문인들이 지은 시가 역사에 남은 것이 3천4백여 수, 이 중에서 서로 의리와 우정을 주고받은 내용의 시가 5백여 수다.

식영정과 소쇄원

하늘과 땅과 정자를 노래한 경우로서 이보다 앞서 중국 진^晉나라 때 난정^{蘭亭}의 곡수연^{曲水宴}이 있었다. 산음현에 있는 난정이란 정자 아래 흐르는 곡수에 술잔을 띄워, 술잔이 흐르다가 자기 앞에 가까이 오면 잔을 들어 마시면서 즉흥으로 한 수의 시를 짓는 것이다.

비록 악기의 성대한 음악은 없어도 마음속 그윽한 정서를 펼치기에 넉넉하다. 우러러 하늘을 보면 무한히 큰 우주가 있고, 아래로 땅을 살피면 만물이 무성하다. 마음대로 생각하고 보고 듣는 것이 또한 기쁘다. 이 자리에서 지은 시들이 모여 난정회의 시집이 만들어졌다. 왕희지가 서문을 썼는데 이 문장이 또한 호연지기의 극치다.

난정의 곡수연은 동양 사회 정자 문화의 한 본보기가 된다. 우리나라에도 일찍이 신라 경주에 곡수연 자리로서 포석정이 있었으며 지금도 그 자리가 남아 있다. 조선조의 서울 창경궁 뒤뜰에도 곡수는 아니지만 둥글게 물이 돌게 하여 그 위에 술잔을 띄우던 자리가 있다.

그러나 담양의 정자 문화가 거둔 저 풍부한 작품적 유산에 견줄 역사적 수확이 과연 있을지, 언뜻 알기가 어렵다.

무등산 한 줄기 뫼가 동쪽으로 뻗어 있어
멀리 떨쳐 와 제월봉이 되었거늘
끝없이 넓은 들에 무슨 짐작 하는 건가

신라 때 곡수연 자리였던 경주 포석정

산인가 병풍인가 그림인가 실물인가
높은 듯 낮은 듯 끊는 듯 잇는 듯
숨거니 보이거니 가거니 머물거니

인간 세상 떠나와도 내 몸이 겨를 없다
이것도 보려 하고 저것도 들으려 하고
바람도 쏘이려 하고 달도 맞으려 하고
밤일랑 언제 줍고 고기일랑 언제 낚고
　　　　　　　　－송순, 국문 가사 「면앙정가」에서

　송순은 한시를 많이 지었지만 국문으로 시조와 가사도 지었다.
그의 국문가사 「면앙정가」는 정자에 쉬면서도 결코 나른하게 늘어지지 않고 요동치는 그의 심혼을 보여 준다.

　문학 활동으로는 송강 정철이 화사하고 단아한 표현으로 많은 분량의 작품을 낳았다. 정철은 소년 시절을 담양 창평 마을에서 보냈고, 장성해 벼슬길에 나아간 뒤에도 좌절을 겪을 때마다 네 차례나 담양으로 낙향해 지냈다. 이러한 세월 동안 그는 성산의 식영정에 근거를 두고 주변의 면앙정과 소쇄원을 왕래했다.

　문학의 면에서는 송순이 정철에게 가려 대중에게 덜 드러났다. 그러나 정철의 대표작이라 할 『성산별곡』, 『사미인곡』, 『관동별곡』 등 가사 문학이 자라난 온상은 어디인가? 그것은 송순이 『면앙정가』에서 보여준 활력 있는 가사 문학이었다.

　다만 송순은 60년에 걸친 벼슬살이로 삶의 폭이 확대되어 있었다. 그러면서도 송순은 자신의 원래 본거지인 면앙정과 더불어 임억령과 정철의 본거지인 식영정에 들렀고, 양산보의 자연 정원인 소쇄원에 들렀다.

　1560년^{명종 15년} 12월에 송순은 시를 잘 짓는 중국 사신이 왔으니 시로써 어울리라는 조정의 부름을 받았다. 그 때 송순은 퇴계 이황과 더불어 식영정의 주인인 임억령을 대동했다. 양산보의 소쇄원에 들러서는 시를 지어 그 정원의 정취를 상찬했다. 양산보는 조광조가 추진한 현량과에 합격한 인물이었다. 그런데 바로 그 이듬해에 조광조가 모함을 당하고 능주에 귀양 가 죽으니, 양산보는 아예 벼슬길을 단념하고 낙향해 담양 창암촌 계곡에 소쇄원을 짓고 끝까지 은둔해 지냈다.

정철이 「성산별곡」을 지었던 식영정

식영정의 온돌방

작은 정자 하나 어여삐 서 있어
와서 앉아보니 내내 살고 싶어라
못의 물고기는 대나무 그림자에 놀고
산의 폭포는 오동나무 그늘에 쏟아져

— 송순 「양 처사 소쇄정」에서

이 시에서 송순이 말하는 '작은 정자'는 소쇄원 경내 물가에 있는 정자 광풍각을 가리킨다. 소쇄원은 제월당을 중심으로 넓은 공간을 이루고 있다. 있는 그대로의 산천을 품에 안은 자연 정원이다. 사람의 마음을 편하게 해주면서 빼어나게 아름다워 오늘날까지 한국 전통 정원의 으뜸이 되고 있다.

식영정이 들어선 자리 또한 절경이다. 소쇄원에서 조금 걸어서 갈 만한 가까운 거리에 있는 식영정은 담양 지곡리 성산 끝 뿌리에 자리한 절벽 같은 언덕 위에 있다. 그 경치는 송강 정철이 지은 「성산별곡」 첫머리에 잘 나타난다.

어떤 지날 손이 성산에 머물면서
서하당 식영정 주인아 내 말 듣소
인간 세상에 좋은 일 많건마는
어찌 한 강산을 갈수록 낫게 여겨
적막 산중에 들고 아니 나시는가
송근을 다시 쓸고 죽상에 자리 보아
잠시간 올라앉아 어떤가 다시 보니

소쇄원의 여름 풍경. 조선시대 민간 정원의 대표

하늘가 뜬구름 무등산 집을 삼아

나는 듯 드는 모습 주인과 어떠한가

창계 흰 물결이 정자 앞에 둘렀으니

직녀의 은하수를 그 누가 베어내어

잇는 듯 펼치는 듯 요란도 하구나.

지금 창계 냇물은 광주호가 되어 식영정 앞 송림 사이로 내려다보이는 물빛이 더욱 요란히 반짝인다. 정철의 「성산별곡」과 송순의 「면앙정가」를 견주어 보건대 낫고 덜함보다 그 형식과 난숙함이 함께 빛나고 있다. 이것이 바로 조선조 가사 문학의 밑둥인 것이다.

면앙정, 식영정, 소쇄원은 16세기에 지어졌지만 그 건물의 견실함과 운치가 여전해 찾는 이들의 가슴을 경건케 한다. 이제는 식영정 아래 평지에 지방자치단체에 의해 가사 문학관이 큰 규모로 세워져 있다. 제1전시실에는 담양 정자 문화의 유산들이 진열되어 있다. 그러나 특히 눈길을 끄는 것은 제2전시실에 진열된 가사 문학 작품들이다.

가사 문학의 비밀

14세기 고려조 나옹 선사의 「서왕가西往歌」와 15세기 조선조 정극인의 「상춘곡」이 있다. 이것은 우리나라 가사 문학사의 전체 체계를 갖추어놓으려는 의지를 느끼게 한다.

문제가 되는 것은 나옹 선사의 『서왕가』다. 가사 문학은 우리말 4·4조의 형식이다. 나옹은 고려 공민황 때의 스님이니 그의 작품이 한글로 기록될 수 없었다. 그렇다면 『서왕가』는 어떻게 한글로 기록되어 남았는가? 비밀의 열쇠는 사람들의 입에 있다. 고려속요 「가시리」, 「청산별곡」 등과 같이 그 구전된 내용이 조선 성종 임금 때부터 한글에 의해 정착될 수 있었다.

　　절의 스님들이 속세의 중생에게 부처의 진리를 깨우치도록 권해야 하는데 한문으로 된 불경을 들려주면 알아듣지를 못한다. 신라 때에도 한글은 없었지만 한자의 음과 뜻을 빌려 향가를 지었다. 그러나 고려 때에는 민생이 몽고에게 시달리고, 또 뒤에는 송나라로부터 한학이 더 많이 들어와 향가의 표기 방법이 쇠퇴하고 끊기었다. 그럼에도 불구하고 고려속요는 3백여 년이나 구전되어 남았다. 마찬가지로 좀 더 산문적인 형태를 갖춘 가사체가 구전될 수 있었다. 그리고 결국 조선조에 넘어와서 한글로 정착되었음을 국문학계에서 긍정한다. 그리하여 「서왕가」가 우리나라 가사 문학의 첫 작품으로 여겨지는 것이다.

　　　나도 이럴망정 세상의 인자러니
　　　무상을 생각하니 다 거짓 것이로세
　　　부모의 끼친 얼굴 죽은 후에 속절없다
　　　적은 동안 생각하여 세사를 후려치고
　　　부모께 하직하고 표주박 장삼에
　　　지팡이를 빗겨 들고 명산을 찾아들어

선지식을 친견하여 마음을 밝히려고

　　　　　　　　　　－목판본 『서왕가』 초두

　다 지켜지지는 않았으나 4·4조 4음보의 틀이 있다. 이탈된 음
수율은 오히려 평민 가사다운 자유로움을 보여 준다. 이리하여 우리
나라 가사 문학의 첫 작품이라는 뜻으로 『서왕가』가 담양의 가사 문
학관에 전시되어 있는 것이다.

　문학은 고답적으로 갇혀 있는 것이 아니다. 가사 문학의 4·4조
또는 3·4조 음수는 현대 시에도 많이 이어지고 있다. 비근하게는 시
중의 소방서 표어에도 쓰인다. "꺼진 불도 다시 보자"가 있다. 제1 공
화국 말기 대선 때에 민주당이 내건 선거 표어도 있다. "못 살겠다 갈
아보자." 표어의 사회적 쓰임새는 대단히 크다. 이러한 현상을 세상
이 문학에서 얻어 쓰는 것인지, 문학이 세상에서 얻어 쓰는 것인지 꼭
단정하지 않아도 될 것이다. 어차피 세상과 문학의 사이는 떼어놓을
수 없는 것이다.

　그리하여 담양을 중심으로 한 호남의 문인들은 조선조에 모두
정치에 참여했다. 영남의 문인들도 마찬가지였다. 퇴계 이황도, 서애
유성룡도 그렇게 했다.

　일찍 은둔으로 돌아오는 경우라도 과거에 급제하는 과정은 거
쳤다. 소쇄원의 양산보와 식영정의 임억령이 그러했다. 임억령은 은
퇴할 때의 자리가 담양 부사였다. 같은 고장에서 그는 관직으로부터
정자로 옮겨 앉은 것이다.

　호남 문인으로 또 비교적 일찍 은둔한 이로서 김인후가 있다. 그

산천이 어울린 속에
모두가 주인이네
소쇄원 너른 뫼

담양의 소쇄원

도 과거에 급제하고 승문원에 들어가 벼슬을 했다. 학덕이 높은 신하들로 하여금 임금이 초청해 독서당에 모여 지내게 한 제도가 있었는데, 그곳을 호당湖堂이라고도 했다. 그 곳에서 지내는 것은 최고의 명예이며 특혜였다. 김인후는 1541년 32세 때에 퇴계 이황과 함께 이 호당에 들어가 지냈다.

그러나 기묘사화, 을사사화 등 시대가 의롭지 않은 길로 가며, 자신이 그 사태의 부당함을 주장해도 문제가 해결되지 않으므로 그는 낙향했다. 고향 집은 장성에 있지만, 스승인 송순의 면앙정과 사돈인 양산보의 소쇄원을 왕래하면서 그는 정철을 비롯해 기대승, 고경명 등 후진을 가르쳤다. 그가 쓴 1천6백 수의 시가 『하서집』에 남아 있다.

지식인들이 이만큼 정신생활을 풍부하게 하며 산 시대와 나라가 또 어디에 있을까.

임제와 황진이

사람의 생애는 얼마나 길까? 인생은 짧고 역사는 영원하다. 하물며 같은 시대, 한 고장에 산 사람들의 모습에는 얼마나 큰 의미가 있을까?

담양 정자 문화권 사람들 속에서도 범위를 더 좁혀, 면앙정 송순이 87세에 회방연을 열었을 때 가마에 송순을 태운 네 명의 제자를 다시 살펴보자. 한 테두리에 드는 이 적은 수의 사람들도 각기 성격이 다르고 역할히 다르다.

그러면서 한 시대, 한 고장, 한 스승의 영향을 받았다는 공통점도 있다. 다양성 안의 일치, 이것만이라도 가능하다면 세상을 보는 원리로서 최선의 잣대가 될 수 있다. 그리고 이 잣대는 역사 안에서 시대를 초월해 서로 통하는 의미를 지닌다.

네 명의 제자 중 가장 먼저 세상을 떠난 이는 백호 임제다. 그는 전라도 나주 사람으로 1577년 문과에 급제하고 예조 정랑의 벼슬에 들어섰다. 그의 가문은 원래 무인 집안이다. 아버지 임진이 5도 병마 절도사를 지냈다.

아버지가 제주 목사로 가 있던 때에 임제가 과거에 급제했다. 그는 아버지를 만나기 위해 바다 건너 제주도로 가는 배를 타려 했다. 마침 폭풍이 심한 날이므로 배가 뜨지 못한다고 했다. 임제가 괜찮다며 강청해 배를 타게 되었다. 함께 탄 사람들이 모두 멀미를 해 쓰러졌는데, 임제 혼자만 버티고 앉아 시를 썼다. 그 때 임제의 괴나리봇짐에는 세 가지 물건이 들어 있었다. 과거에 급제하여 임금으로부터 받은 어사화, 그리고 거문고와 칼 한 자루였다.

문인이 칼을 가지고 다닌다는 것은 이상한 일이다. 그만큼 그의 성격은 보통 사람과 달랐다. 이것은 그가 무인 기질을 가졌다는 뜻도 된다. 과연 뒤에 그는 북도 병마사라는 직위를 갖기도 한다.

다시 평안도 도사가 되어 서울에서 평양으로 가는 길에 임제는 개성을 지나게 되었다. 한 때 송순이 개성 유수로 가 있을 때 임제가 찾아가 박연폭포에서 함께 풍류를 즐긴 일도 있었다. 동석한 이 중에는 스님들도 있었다. 임제와 송순은 스님들을 사귀며 서로 시를 주고 받았다.

평안도 도사가 되어 가는 길에 개성에 다시 들른 임제는 풍류남아의 기질을 보였다. 당시 세상을 떠난 지 얼마 되지 않은 명기 황진이의 무덤을 찾아 술을 한 잔 부어 놓고 시조 한 수를 읊었다.

청초 우거진 골에 자는가 누웠는가
홍안은 어디 두고 백골만 묻혔나니
잔 잡아 권할 이 없으니 그를 슬퍼하노라

『청구영언』과 『해동가요』에 실려 국문학사에 남는 작품이다.

글을 잘하던 황진이의 대표 시조는 "청산리 벽계수야……"다. 이것은 조선조 왕실 출신으로 입산을 한 벽계수라는 남성에게 바친 시조로 역시 『청구영언』에 실려 있다. 임제도 황진이를 만난 일이 있는 것으로 전한다. 송순이 개성 유수로 있을 때 한자리에서 만났을 법하다.

임제는 이른바 방외인方外人으로, 지식인들로부터 소외당하며 풍류 가객처럼 살았다. 그의 심중에는 당쟁으로 병든 세태에 대한 개탄이 있었다. 그리하여 오히려 여기저기 산간의 절을 찾아다녔다. 끝내 그는 건강도 잃고 서른아홉 젊은 나이로 일찍 세상을 떠난다. 스승 송순보다도 다섯 해를 앞서 간 생애였다.

회방연 자리 제자 중 가장 진지하게 산 인물은 고봉 기대승이다. 전라도 광주 송현동에서 태어난 그는 1554년에 동당향시에 장원으로 급제했다. 1558년에 서른두 살의 기대승은 서울에서 스물여섯 연

상인 퇴계 이황을 만났다. 그리고 그 이듬해에 퇴계에게 철학적 질문을 내용으로 하는 첫 편지를 썼다.

퇴계와 기대승의 8년간의 편지

퇴계는 기대승에게 답장을 썼다. 이렇게 시작된 편지의 왕래는 12년 동안 계속되었고, 그 중 8년 동안에는 유학儒學에서 보는 인생의 원리에 대해 대화와 토론을 이어 나아갔다. 우편물을 나르는 자동차도 없고 편지를 배달하는 우체부도 없었던 당시에 누가 이 편지들을 날랐을까? 경상도 안동에서 전라도 담양까지, 또는 그 시골에서 서울까지 편지를 나른 사람은 그 두 집의 하인이었다. 심부름꾼에게 객사의 장국밥 값이라든가 짚신을 새로 사서 갈아 신을 돈을 주어야 했으니, 편지 내용보다도 이 끈질긴 성의가 얼마나 대단한가.

이 편지의 논리를 다루느라고 이황과 기대승은 8년 동안 머릿속이 한가할 날이 없었다. 그 편지 내용은 『사단칠정분이기왕복서』 2권으로 역사에 남아 있다.

당초에 정지운이라고 하는 재야 학자가 있었다. 그는 벼슬길에도 나아가지 않고 집에서 학문만 연구했다. 그는 하나의 성리학 이론서로 『천명도설』이란 책을 써서 당대의 이름 높은 학자 퇴계 이황에게 보냈다. 내용을 검토한 후 가르침을 달라는 것이었다. 그는 퇴계보다 여덟 살이 아래였다.

퇴계는 이 책을 받아 보고 고쳤으면 하는 데를 일러 주고, 대체로 잘된 내용이라고 칭찬했다. 그리고 그 책의 뒤에 붙이라고 발문(後敍)까지 써 주었다. 이 발문의 내용이 바로 퇴계의 성리학 요지인 '사단칠정론(四端七情論)'이다.

'인간성'이란 것을 원리적으로 어떻게 보아야 하는가? 퇴계는 말했다.

사람에게는 가여워하는 마음(惻隱之心)·부끄러워 하는 마음(羞惡之心)·사양하는 마음(辭讓之心)·따지는 마음(是非之心)이 있다. 이것은 선과 악의 구별이 없는 단서로서 본성적인 이성이고 변함이 없다. 이것은 이(理)에서 발단하는 것이다. 다음으로 사람에게는 기쁨·노여움·슬픔·두려움·사랑·미움·욕망이 있다. 이것은 선과 악의 영향을 입으며 발생하는 감정적 기질이고, 변할 수가 있다. 이것은 기(氣)에서 생기는 것이다. 이렇게 인간성에는 '이'와 '기', 두 요소가 있다.

퇴계의 이 '사단칠정론'의 논거를 접하고 가장 먼저 다른 의견을 가진 사람이 기대승이다. 그리하여 그는 퇴계에게 이의를 제기하는 편지를 썼다.

인간성 안에 4단과 7정의 구별이 있다는 것은 머리로나 말로써는 가능하다. 그러나 실제로 사람이 살아가는 데 있어서 마음의 이 요소들은 각기 따로 발생하는 것이 아니고 함께 발생한다고 생각된다. 그러므로 차라리 '이기공발론(理氣共發論)'을 주장하겠다.

기대승의 이러한 생각을 역시 이론적으로 따지자면, 우선 인간적인 직관이 기대승에게서 돋보인다. 가령 '인간'은 육체와 영혼의 결합이라는 이론 이전에 이미 존재한다. '말'은 목소리와 모국어의 결합이라는 이론 이전에 이미 발설된다. 두 살짜리 어린아이가 "엄마", "아빠"라고 부르는 것이 바로 말이다. '물'은 H_2O라는 설명 이전에 이미 있다. 그러니까 기대승이 인간성의 기능들이 함께 발생한다는 공발론을 주장한 것은 뛰어난 생각이다.

이황과 기대승 사이에 이어지는 토론은 당시의 지식인 사회에 널리 알려졌다. 율곡 이이도 이 토론에 개입했다. 이이는 '이기이원론적 일원론'을 주장했다. 그 뜻은 기대승의 생각과 비슷했다. 퇴계도 뒤에 이기호발론理氣互發論을 펴 원래의 자기 이론을 조금 수정했다.

그러나 이것으로 토론의 승패가 가려진 것은 아니다. 퇴계 자신도 기계적인 이론을 좋아한 편이 아니었다. 퇴계도 이론보다는 평범한 일상 속에 진실이 있다고 생각했다. 지성과 행동의 일치를 중요시했으며 성의와 공경하는 마음으로 사람을 대해야 한다고 했다. 그리하여 그는 훨씬 나이가 아래인 사람들의 의견도 겸허히 받아들였다.

기대승의 나이 마흔둘이 되던 1568년에 퇴계는 『성학십도聖學十圖』라는 책을 기대승에게 보내며 잘못된 데가 있으면 지적해달라고 했다. 그는 기대승을 학문 연구에 있어 같은 수준의 동료로 대우한 것이다. 퇴계는 매화를 읊은 한시 여덟 수를 지어 기대승에게 보내고, 기대승은 답으로 역시 매화를 읊은 한시 여덟 수를 퇴계에게 보냈다. 그들은 매화가 아름다워서라기보다 추위 속에서도 향기를 잃지 않고 피어 있는 꽃이기 때문에 좋아한다고 했다. 기대승은 서울에서 퇴계를 만나면 스승으로 모셨다. 퇴계가 관직이 싫어 고향으로 돌아가는 날 한강 나루에 나와 배웅하며 슬퍼했다.

한강 물은 도도히 만고에 흐르는데
선생이 떠나심을 어찌 붙잡으랴
모래밭 뱃머리에 머뭇거리며
이별하는 시름 무게 만 섬이런가
　　　　　　　　　－ 기대승, 「봉별 퇴계 선생」

율곡 이이도 퇴계의 이기론에 이의를 제기했지만 그의 인격을 존경하는 마음은 극진했다. 이기설의 입장이 다르다 하여 세상에서는 퇴계 쪽을 영남학파라 하고 율곡 쪽을 기호학파라 했다. 심지어 이 학설의 입장 차이를 동인과 서인의 당쟁에 이용하기도 했다. 그러나 퇴계의 별세 소식을 듣고 율곡은 얼마나 슬퍼했던가.

옥과 금처럼 순수한 그 기품
위아래 백성이 혜택을 바랐는데
물길 돌리고 길을 연 책만이 새로워라
먼 남쪽 하늘 및 저승 이승 갈리니
애끊는 눈물 속 해주에 서 있구나
　　　　　　　　　－ 이이, 「곡 퇴계 선생」

일본의 도요토미 히데요시와 같은 나이인 율곡 이이는 왜구의 침입에 대비하는 '10만 양병'을 주장했다. 그 건의가 나라에 받아들여지지 않으니 그는 해주로 내려가 묻혀 지냈다. 그리고 일본은 결국 대군을 파견해 조선 반도를 유린했다.

임진왜란을 맞아 누가 나라를 구했는가? 그것은 이순신 장군이다. 이순신 장군을 누가 기용했는가? 그것은 이조판서 유성룡이다. 유성룡을 누가 정계에 내보냈는가? 그것은 스승인 퇴계 이황이었다. 유성룡은 선조가 왕위에 오르기 전인 하성군河城君 때부터 서울에 올라와 만나고 친구가 되어 지냈다. 그는 선조 임금 시대 최대의 공신이 되어 이순신을 발탁했다. 이 과정을 예시하고 지시한 이가 퇴계였다.

퇴계는 은둔하여 낙동강 상류 도산서원에서 산책만 한 것이 아니다. 율곡이 하다가 실패한 일을 퇴계가 한 셈이다. 유성룡을 통하여, 이순신을 통하여, 이순신의 조선 수군水軍이 23전 23승을 해 왜군을 몰아내었다.

이순신은 1592년 7월 8일 한산섬 앞바다에서 왜선 일흔세 척을 격파하고 전황을 승세로 바꾸었다. 바로 그 다음 날인 7월 9일 담양의 의병장 고경명은 금산에서 왜군과 싸우다가 전사했다. 그의 죽음은 호남 의병의 기폭제가 된다.

퇴계의 제자 유성룡 계열인 이순신은 이렇게 하루를 사이에 두고 면앙정과 기대승의 계열인 고경명과 나란히 지행합일知行合一의 현장에 있었다.

시인이 죽창을 들고 의로운 전장을 찾아가던 나라. 그 시대에 그러한 일이 있을 수 있었던 힘의 근거는 무엇인가? 진리를 즐기며 민중을 위하는 문화, 그것이었다. 역사 안에서 그 문화의 의미는 시대를 넘어 길이 이어진다.

어떤 시대라도 앞과 뒤가 없이 단층만으로 존재하지는 못한다. 한 시대 안에서도 현실의 전형적인 현장이 있어야 거기에 의미와 생명이 있다.

8년간 경상도 안동과 전라도 담양 사이 천 리 산길을 달려 철학 편지를 나른 심부름꾼의 짚신 값을 오늘 우리는 어디로 보내 줄 수 있을까.

보편적 가치의
문학

존재와 의미의 문학
─ 오늘의 한국 가톨릭문학을 위하여

신앙과 지성

그리스의 델피 신전 문설주에 고대로부터 새겨져 있는 말 "너 자신을 알라"는 문학을 하며 일상을 사는 모두에게 새삼스레 자신을 성찰케 한다. 나는 어떠한 사람이며 어디서 와서 어디로 가고 있나. 자신에 대한 근본적인 물음이다.

아리스토텔레스는 조금 더 구체적으로 "인간만이 언어를 사용하는 생물이다. 그리고 그 언어에는 이성이 담겨 있다"고 했다. 중국에 가톨릭 신앙을 전교한 마테오 리치는 역시 아리스토텔레스의 이론을 인용하며 그의 저서 『천주실의』에서 3혼설三魂說을 말했다. 식물에는 생혼生魂이 있고 동물에는 각혼覺魂이 있으나 인간에겐 각혼과 함께 영혼이 있다고 했다.

가톨릭은 그리스도교의 정통 종가로서, 하느님을 섬기므로 중국에 와서는 천주교라 했으며, 천주天主는 중국에 원래 있던 상제上帝와 같은 말이라고 했다. 『천주실의』를 읽고 천주교 신앙을 받아들인 조선의 다산 정약용은 역시 인간의 영혼을 중시했다.

하늘의 주재자는 상제이다. 영이 없는 물건은 주재자가 될 수 없다.

텅 비어 있는 태허太虛와 이理를 천지 만물의 주재 근본으로 삼는다면 천지 사이의 일이 이루어질 수 있겠는가.『맹자요의』

후기 유교의 철학인 성리학에서 우주의 근본이라고 하는 태극이나 이理는 섭리자로서의 뜻과 능력을 지니는 것이 없으므로 하늘, 땅, 사람과 같은 하나의 단위 개념이니 우주의 주재자로 볼 수 없다는 것이다. 다산은 그의 『중용자잠中庸自箴』에서도 "사람이 방 안에 홀로 있을 때에도 감히 악을 저지를 생각을 하지 못하고 두려워하는 것은 상제가 자신에게 임하고 있음을 알기 때문이다. 본래 지각이나 위엄 있는 능력이 없는 이理에 대해서야 어찌 어려워하겠는가"라고 말했다.

이렇게 말하던 다산의 생각은 원래 동양 사회에 있던 천명天命의식이라든가 "나를 알아 줄 이는 하늘 밖에 없다其天乎"는 유의 상투적 언사가 아니었다.

그는 말년의 자필 묘지명에서도 "상제를 모시는 것은 인仁이 될 수 있지만 헛되이 태허를 높이고 이理를 하늘로 여기면 인이 될 수도 없고 다만 푸른 하늘을 섬기는 노릇이 될 것이다"라고 말했다. 다산은 유교의 수양 덕목을 계속 존중하며 인仁을 소중히 생각했지만 선비 계층이 전통적으로 사로잡혀 있는 성리학의 태허와 이理에는 진리가 없다고 생각했다. 퇴계 이황이나 성호 이익을 선대의 스승으로 여겼으면서도 다산이 성리학의 태허에 기반하는 우주관을 부정한 것은 혁명과도 같은 일이었다.

지역으로는 서양과 동양 사이에 거리가 있으나 사람들의 마음으로는 다 통하여 서로 이해할 수 있다. 이것이 인간이 사는 보편의 세상이다. 말하고 생각하고 육체와 달리 영혼도 지니고 있다는 것이 실제로 인간이 살고 있는 모습이다. 이것이 인간 세계의 존재 또는 실재의 개념이다.

데카르트가 "나는 생각한다. 고로 나는 존재한다"고 말한 인식론은 생각하지 않는 시간에는 존재도 없다고 하는 일면적인 이론으로 들린다. 칸트가 보편적 양심의 도덕률에 의거해 말했다. 현세에서 인과응보가 다 이루어지지 못하니 정의 구현의 질서에 따라 '내세'가 있어야 한다고 요청하게 된다고 했다. 요청을 하고 안하는 것은 주관적인 관념에 맡기는 셈이 아닌가.

중세 이래 스콜라 철학의 토마스 아퀴나스 사상은 인간과 세상을 실제로 있는 그대로 보고 인정하자는 보편의 가치관이다. '가톨릭'은 보편을 뜻하는 라틴어에서 온 말이다. 그리스도교 초대 교회 이래의 신앙고백문인 '사도신경'에서 "거룩하고 '보편된 교회'와 모든 성인의 통공을 믿으며"라는 말이 들어 있다.

보편적 가치관은 현대 세계에서도 '전체적 인간상'이 유지되고 복원되어야 한다는 각성으로 제기되어 있다. 제2차 바티칸공의회가 채택한 『사목헌장』에 그 내용이 충실히 나타나 있다.

현대의 문화를 구성하는 요소들이 증대하고 복잡해지면서 보편적 인간상이 점차로 희박해지고 있다. 그러나 지성·양심·형제애 등 고상한 가치를 지니는 '전체적 인간상'은 창조주인 하느님으로부터 오는 것이므로 이것을 지속해야 할 임무가 모든 사람에게 지워져 있다.『사목헌장』61

아울러 현대 가톨릭의 사회교리들은 인류의 모든 분야 현실에 구체적인 방향을 제시한다. 이것은 교조적인 도식이 아니고 자유로운 사색의 자료들이다. 『어머니요 스승』, 『사목헌장』, 『그리스도교 이외의 종교들에 대한 선언』, 『인간의 구원자』, 『신앙과 이성』 이보다 더 많은 문헌들에 담긴 내용의 체계를 헤아려 보면 끝없이 풍요한 지혜가 담겨 있다.

세계의 보편성을 긍정하는 정신은 하나의 창조주를 믿는다는 데에 근거하고 있다. 하느님이 세상을 창조하는 과정에서 "보시니 참 좋았다"는 말이 구약성경의 창세기에 일곱 번이나 나온다. 하느님은 특히 '사람'을 당신의 모습대로 지어냈다. 모든 것을 지으시고 복을 주셨다고 되어 있다. 성경의 기록이 이스라엘 백성을 중심으로 하여 표현한 것은 '선민'의 뜻이 아니다. 신약에서 하느님의 분신으로 그리

144

스도가 나타나는 것은 하느님과 세상 사이의 사랑과 화해를 표상하는 것이다.

지역과 시대가 달라서 그리스도와 하느님을 모른 것이 죄가 될 수 있을까. "모든 선의의 사람은 하느님만이 아시는 속에서 구원받을 수 있다고 믿어야 한다."『사목헌장』22 하느님이 그리스도를 내세워 세상의 모두와 화해했으므로 그리스도인들도 다른 모든 종교 안에 있는 옳고 성스러운 것에 대해 존중하고 사랑으로 대화해야 한다.『그리스도교 이외의 종교들에 대한 선언』2

각 민족이 지닌 특성은 신성하고 정당하다. 교회가 바라는 통일성은 초자연적 사랑 안에서의 통일성일 뿐이다.『어머니요 스승』181 교회는 모든 시대 모든 백성에게 파견되었으므로 어느 민족 어느 나라의 전통 관습에 대해 배타적인 입장이 아니다. 교회와 여러 형태의 문화가 만나는 것은 서로를 풍요하게 해 준다. 인간적이고 시민적인 문화를 촉진한다.『사목헌장』58 신학교나 교회가 운영하는 대학에서 신학과 철학만을 가르치고 다른 분야 학문들에 대해 무지하면 같은 시대의 사람들과 어떻게 소통할 수 있겠는가. 신학을 가르치는 이들은 다른 분야 학문의 전공자들과 협력하기에 힘써야 한다.『사목헌장』62

교회는 사람들과 협력해야 하므로 각 민족 공동체의 한복판에 반드시 참여해 있어야 한다.『사목헌장』89 평화와 정의를 추구하는 사람들은 세속이 지워주는 십자가도 져야 한다. 전 세계의 형제애를 재건하려는 노력의 역할은 서로 다를 수도 있다. 어떤 이는 천상 생활에 대한 희망을 증거하도록 부름을 받는다. 봉쇄수도원의 수도자처럼. 그러나 봉쇄수도원 안에서 기도하는 이들도 자기 개인의 천국행을 빈다기보다 바깥세상의 평화를 위해 빈다. 또 어떤 이는 현세의 인간들을 위한 봉사에 부름을 받는다. 노동사목의 경우처럼.『사목현장』38

사람들이 지니는 사명의 본질적인 의미는 기술보다 도의에, 사물보다 인격에, 물질보다 정신에 있는 것이다. 따라서 '진보'의 추진은 이 본질적 의미를 우선시하는 데서 이루어져야 한다. 중요한 것은 인간이 사용하는 도구와 수단이라기보다 도구를 사용하고 관리하는 '인격'이 진보해야 한다는 것이다.『인간의 구원자』현대 사회의 정치 상황에서 "자유와 책임에 바탕을 둔 도덕적인 힘에 의해 인간의 자기완성을 추구하는 공동선"의 원리가 잊혀져서는 안 된다.

폐쇄적 수단인 당파성의 권력의지가 진보로 오해되어서는 안 될 것이다. 현대의 분석주의 철학이 인간성과 자연을 파편화하는 폐해와 물질적 수단의 차원에서 보편적 가치와 전체적 인간상의 복원은 마땅히 추구되어야 한다.

문학예술은 인간 본연의 자질과 세계를 이해하고 완성시키려고 노력하며, 인간의 보다 나은 운명을 개척하는 데에 이바지한다.『사목현장』62 이처럼 현대 문학예술의 위상과 사명에 대해서도 세계 교회가 공식으로 인정하고 지지한다.

인간의 내면적 깊이

문학예술 분야에 전형성과 총체성이란 말이 있다. 총체성은 보편 또는 전체를 가리키는 말이다. 19세기 프랑스의 소설가 발자크가

1842년에 그의 소설 전집『인간 희극』을 출간하면서 그 전집의 서문에서 '전형성'에 대해 말했다. "인간과 삶 속의 주요한 사건들을 유형별로 요약할 수 있다. 내가 밝혀 보려고 노력하는 것이 바로 그 전형적 국면들이다." 발자크는 원래 수백 편에 이르는 방대한 양의 소설을 썼으므로 주인공들을 혼동하지 않기 위해서도 성격과 국면을 정리해 파악할 필요가 있었다. 그러나 보다 진지한 의도에서 발자크는 상황의 전체를 잘 파악하고 그 속에서 대표적이고 진실한 형상을 잊지 않고 기억하려고 했다. 이와 같은 충실성 때문에 테느와 랑송을 비롯한 평론가들이 발자크를 리얼리즘 작가라고 했다. 그러나 소설가 발자크는 사물을 모사하듯이 베끼려 하지 않고 자신이 이상화한 경지에서 재창조하는 의욕을 가지고 작품을 썼다. 이러한 성향 때문에 시인 보들레르는 발자크가 열정적인 통찰력으로 '전망'을 제시하는 작가라고 했다.

'전형성'과 '전망'이라는 두 요소를 지니는 문학 작품이라면 대상을 사진 찍듯이 치밀하게 그리는 데서 끝내는 자연주의와 다르게 리얼리즘의 경지라고 인정할 수 있다. 과연 발자크의 소설 세계는 근대 리얼리즘 문학의 기반이라고 문학사에서 평가한다.

이보다 90년쯤 역사가 흐른 뒤 1930년대 초 구소련에서 고르키가 중심이 되어 시작한 것으로 사회주의 리얼리즘이 있다. 이것은 발자크 리얼리즘에 당파성과 민중교육의 요소를 첨가한 것이다. 한국에서는 1970년대에 현실참여 성향의 민족문학 원리론으로 리얼리즘 문학론이 제기되었다.

1990년을 고비로 구소련을 비롯한 동유럽 사회주의 세계권은 와

해되었고 사회주의 리얼리즘도 자연히 쇠퇴했다. 그 사회주의 세계권에 헝가리 출신으로 문예 이론가 루카치가 있었다. 그가 처한 지역 상황으로 루카치는 역시 사회주의 리얼리즘의 이론가라 했으나 그의 문학정신 내용은 다분히 자유인의 사상이었다.

그는 스탈린주의가 개인숭배 주관주의이므로 리얼리즘이 될 수 없다고 했다. 리얼리즘 문학의 역사 범주도 소련에서 출발하는 것이 아니고 서구 그리스의 호머에서부터 출발해 셰익스피어, 괴테, 발자크, 톨스토이, 토마스 만에 이르기까지 거의 문학 전체를 리얼리즘에 해당시켰다. 그의 사상이나 이념에 관계없이 루카치의 문학예술 이론은 일찍이 발자크 단계에서 제기된 전형성 원리를 거론하고 있다. 전형성은 역시 전체 또는 보편적 가치를 전제하는 발상이다.

루카치는 그의 저서 『우리 시대의 리얼리즘』에서 총체성을 두 가지로 분류해 보고 있다. 하나는 외연적 총체성으로서 가시적이고 객관적인 상황의 전체를 가리킨다. 이 경우 예술적 가능성의 범주는 과학에 미루어 헤아리게 된다고 한다. 다른 하나는 내포적 총체성으로서 불가시적이더라도 인간 내면의 끝없는 정신적 깊이를 가리킨다.

이 두 총체성의 어느 쪽이 더 중요한지를 생각하자면 '내포적 총체성'이 더 중요하다고 루카치는 말한다. 그리고 이 내포적 총체성은 발자크의 경우처럼 창조적 '전형성'에 연결시킨다. 인간의 일이므로 이 내면의 깊이와 그 속에서의 전형성까지 알아야 리얼리즘이 될 수 있다는 것이다.

더욱이 루카치가 리얼리즘에 덧붙이고 있는 배려들이 있다. 그는 내포적 총체성과 전형성의 예술적 가능성의 궁극은 근사치라고 말한다. 이것은 불가지론이라든가 허무주의가 아니다. 오히려 끝없는 여유를 뜻하는 것이다. 끝없는 지속성을 남겨두는 것이다. 그래도 현장의 어떤 매듭이라도 확인하고자 한다면 "지금 여기"라고 말할 수 있다고 한다. 이것은 현대의 가톨릭 철학자 가브리엘 마르셀이 철학의 구체적 현장은 "지금 여기"라고 말하는 것과 일치한다. 이것은 감각적 찰나주의와 반대되는 것으로서 가능한 충실성으로서의 실존주의 같은 것이다.

원래 유한한 인간 존재의 입장에서 말하는 겸허한 존재론적 리얼리즘이다. 이것은 지난 시대 1930년대에 모더니즘 문예운동이 인간의 지성을 자만하다가 파시즘 앞에 속수무책의 낭패를 겪고, 한낱 언어의 말초적 감각주의로 자기소모적 파탄에 떨어진 한계를 극복하는 진실이다.

살아 있는 언어

한 처음, 천지가 창조되기 전부터 말씀이 계셨다. 말씀은 하느님과 함께 계셨고 하느님과 똑같은 분이셨다. 모든 것은 말씀을 통하여 생겨났고 생겨난 모든 것이 그에게서 생명을 얻었으며 그 생명은 사람들의 빛이었다. 그 빛이 어둠 속에서 비치고 있다. 그러나 어둠이 빛을 이겨본 적이 없다요한 1,1-4.

문학은 언어를 매체로 하는 작업이다. 그런데, 즉 '말씀'이 우주의 존재근원 그 자체라고 성경에 씌어 있다. 이렇게 보면 문학은 처음부터 할 일도 없고 부연 설명에 지나지 않는 것처럼 보인다. 그러나 빛에는 그림자가 있고 밀밭에는 가라지가 있는 것이 또한 성경의 기록이다.

문학은 빛의 역할이며, 언어 중에서도 문학은 '살아 있는 원초적 언어'라고 칼 라너가 『영성신학총서』에서 말했다. 그리고 살아 있는 언어를 사용하는 시인은 사제司祭와 같은 사람이라고 말했다.

언어는 사회적 약속의 부호인 단어와 목소리가 합하여 이루어진다. 그러나 부호와 발성의 분석적 인식과 결합 이전에 언어는 이미 표현되고 있다. 아기가 '엄마'를 부르는 것과 같은 양상이다. 이것이 살아 있는 원초적 언어이며 언어의 존재성이다. 언어가 분석되어 하나의 부품처럼 쓰이는 경우도 있다. 과학자가 물을 가리켜 H_2O라고 한다. 이것은 노자가 상선약수上善若水, 즉 최선은 물과 같은 것이라 하고 시인 괴테가 물은 영혼과 같은 것이라고 한 경우와 다르게 하나의 부품과 같은 상태이다. 또 단어들이 사전 속에 가나다순으로 배열되어 있는 것은 등에 핀이 꽂혀 채집함에 나열되어 있는 나비와 잠자리처럼 죽어 있는 것이다. 박제가 아니고 지상을 꿰뚫고 하늘로 날아오르는 움직이는 몸통의 새가 살아 있는 언어이다. 그리고 움직이는 생명의 언어들이 시가 된다. 시는 미묘하게 꾸며서 표현해야 되는 것도 아니다. 산 언어에는 이성이 있고, 존재의 본질로 역할해 경계를 넘고 차원을 초월하며 소통하는 직관의 힘을 지닌다.

당신은 역사에 대한 거듭된 절망으로
허무의 수렁에 빠져 있는 나에게

삶의 새로운 긍정의 문을 열어주었습니다.

당신은 육신과 분리되어 있는 나의 영혼을
도로 함께 살게 해주었습니다.

당신은 나에게 인간은 홀로서이지만
또한 더불어서임을 가르쳐주었습니다.

당신은 나에게 신비가 공허가 아니고
충만임을 깨닫게 하였습니다.

당신은 나에게 한 치를 줄여서 사는 것이
한 치를 초월해서 사는 것임을 보여 주었습니다.
당신에게 나는 내세를 오늘부터 살아야 함을 배웠습니다.
　　　　　　　　　　　　－『모과 옹두리에도 사연이』63

　가톨릭 시인인 구상의 이 시는 순탄한 표현이지만 인간이 사는 의미를 깊이 생각하게 한다. 이 시에 나오는 '당신'은 가톨릭 철학자 가브리엘 마르셀이다. 이 철학자의 책 한 권을 밤을 새며 읽고 난 후에 구상 시인이 이 시를 썼다. 이 시에 대해서는 무어라고 더 설명을 붙이기가 어려우며 의미를 분석해 놓으면 오히려 군더더기가 되고 시를 파괴하게 된다. 이것이 바로 칼 라너가 시인은 사제와 같다고 말한 이유이다.

그러면 이러한 시 작업의 현상은 가톨릭 신자들만이 독점하는 것인가. 그렇게 독점의 벽을 쌓는다면 그것은 오히려 '보편의 가치'인 가톨릭 신앙을 손상하는 일이 된다. 신앙인이 아닌 천상병 시인이 가브리엘 마르셀에 대해 언급한 것이 있다. "스승이 없는 사르트르, 이웃이 없는 사르트르, 대화할 상대가 없는 사르트르는 그 자신이 존재할 수도 없다. 사르트르의 존재 이유는 사르트르 자신에게 있는 것이 아니고 사르트르와 타인과의 관계 속에만 있는 것이다. 가브리엘 마르셀은 인간을 연결하는 관계를 중시하면 최고의 '관계'는 애정이라고 말한다."^{내가 좋아하는 작가} 이처럼 인간관계와 애정의 중요성을 아는 천상병은 1960년대에 일요일마다 명동성당을 찾아갔다.

11시 주일 미사에 참례하고 성당 밖으로 나오는 구상 시인을 만나는 천상병 시인은 웃으면서 용돈을 받는다. 그가 명동 거리에서 만나는 문우들로부터는 천 원을 받았고 구상 시인으로부터는 2천 원이나 3천 원을 받았다. 서로가 웃으며 다정한 관계였다. 천상병 시인은 가난했지만 그 가난도 방랑도 사랑했다. 그러면서 「귀천」을 썼다.

나 하늘로 돌아가리라
아름다운 이 세상 소풍 끝내는 날,
가서, 아름다웠더라고 말하리라……

남들로부터 인정을 받고 사랑을 받으면 인간은 완성이 되는 것이라고 칼 라너도 말했다. 천상병 시인은 가난하고 슬펐지만 자기를 완성했다. 그러므로 이 세상 소풍이 아름다웠다고 하늘에 돌아가 말하겠다고 했다. 수명이 유한한 인간은 누구나 이 세상의 나그네다. 가브리엘 마르셀이 세상살이를 긍정하고 겸허하게 생각한 것도, 영원에 연결된 한 부분인 시간을 살면서 이미 내세를 살겠다고 한 마르셀도 구상도 세상이라는 총체성과 본질로서의 전형성을 안 존재들이었다.

　한편으로 전형성은 구체성을 띠기도 한다. 경건주의로만 시종할 수도 없는 것이 인간의 삶이다. 구상 시인도 국군의 북진 행렬을 따라가던 과정에서 인민군 전사자의 무덤을 만들어 주고 그 앞에서 통곡을 하는 시 「적군 묘지 앞에서」를 썼다. 삶의 구체적 현실에서는 갈등과 고뇌도 있고 십자가를 지는 아픔도 있다.

　2011년의 일본 후쿠시마 원전 폭발 사고를 보며 쓴 가톨릭 시인 김남조의 시 「신의 기도」가 있다.

　이제는
　신께서 기도해 주십시오
　기도를 받아 오신 분이
　영험한 첫 기도를
　사람의 기도가 저물어가는 이곳에
　깃발 내리시듯
　드리워주십시오

　기습으로 사랑이 오기도 합니다만
　더 빠르게, 눈 몇 번 깜박이는 사이

죽음이 수만 명의 산 사람을
삼킨 일은
분명 착오였습니다.

공포가 다녀가고
바늘 찌르는 외로움 사위고
희망이 바람 불어 뭉개질 때

하느님께서
그들을 품어주시겠지요.
아닙니까?

끝을 모르면서
끝의 끝까지 돌아 나와
어질어질, 가물가물한
저희들 '인류'에게 최소한
이 한 말씀을 천둥 울려주십시오

"내가 알고 있다
내가 참으로 알고 있다"고
오오 하느님

원폭 투하나 원자력 발전소 폭발이 하느님의 책임이 아니고 인간들의 과오라고 하더라도, 인간이 섭리의 주인에게 생떼를 쓰거나 하소연이라도 하지 않을 수 없는 고뇌가 있는 것이다. "모든 것을 지으시고 복을 주셨다. 보시니 참 좋았다"고 한 하느님의 창세 약속은 어디로 간 것인가. 자유의지를 받아 가졌고, 모든 일은 하기 나름이고, 하늘은 스스로 돕는 이를 돕는다고 하는 거창한 대전제를 미약한 인간들이 어떻게 감당하나.

하지만 지옥 같은 현실에서도 문제의식과 분투가 없을 수는 없다. 이것이 구체성의 문제이며, 이것이 리얼리즘의 사명이다. 하늘과 땅의 총체성에 관한 또 하나의 시를 보자. 신앙의 면에서는 불교쪽으로도 보이는 오세영 시인의 시 「표절」이 있다.

그믐 밤 하늘엔
반짝반짝 빛나는 수천 수만 별들의
대군중집회
은하댐 건설 반대!

같은 날 밤 지상엔
손에 손에 등불을 밝혀 든 수만 인파의
야간 촛불 대시위

사대강 사업 반대!

제목이 '표절'이라는 점이 예민한 느낌을 준다. 아무리 거대한 촛

불 시위 행렬이라 해도 하늘의 은하수 형세에 비하면 '표절' 정도가 아니냐는 것이다. 우선 시각의 광막함이 일품이다. 그리고 왜 인간들이 자연을 거스르냐는 경각을 준다. 무엇보다도 구체성이 이채롭다. 누가 오늘의 한국 4대강 사업 문제를 이만큼 능란하게 환기시킬 수 있겠는가. 그야말로 살아 있는 언어의 시로써 못 할 일이 없다는 느낌을 준다.

마지막으로 다시 가톨릭 신인 브랑따노의 시에서 간단한 몇 줄을 보자.

오, 별과 꽃이여! 혼과 살이여!
사랑과 고통이여! 시간과 영원이여!

촛불 행렬 같은 구체성이 없고 어떤 설명이라든가 표상의 수식도 형식도 없다. 그런데 이 우주 안의 모든 것을 말하고 있다. 웅대하거나 풀이하는 일도 거절한다. 도무지 개입하기가 어렵다. 그런데 다시 돌아보며 시선을 떼지 못하게 한다. 알 듯 말 듯, 보일 듯 말 듯 저 멀리에 있는 등대의 불빛 같다. 단순한 몇 마디 말, 존재와 의미에 사로잡히게 하면서 깜빡이는 구원의 등대 불빛 같다.

그러나 중요한 것은 구원의 불빛이다. 등대는 구원의 상징이다. 격랑의 밤 바다에서 표류하는 쪽배에 아득한 불빛은 바로 생명이다. 우주의 전모를 파악하고 본질의 의미를 추구하되 인간의 자기완성을 가능케 하는 데로 인도하는 불빛의 발견, 가톨릭문학은 생명의 빛에 다가가는 문학이 되어야 할 것이다.

필요 없음을 위하여
— 천운영 · 이만교 · 박민규의 소설들

사람이 이 지상에서 할 수 있는 일이 무엇인가. 누구나 할 수 있는 것은 아니지만 분명히 한 가지 가능한 일이 있다. 소설을 쓰는 것이다. 그것은 허구이니까. 그런데 있을 수 있는 일개연성이라는 것이 기준이고, 그래서 거기에 무슨 의미가 있느냐는 것이 문제이다.

당대마다 삶의 현장이 다르고 거기에 대응하는 의미가 다르다. 70년대의 산업화, 80년대의 민주화 투쟁, 90년대의 사회주의 세계권 붕괴, 그리고 2000년대 자본주의의 세계화가 특징일 것이다. 물론 문학예술이 이 시대별 특징을 기계적으로 반영하는 것은 아니다. 다만 이러한 현상들에 대한 관심이 지난 시기와 다르게 상당 부분 나타난다는 것이다.

어느 시대에나 자연은 자연이고 인간은 인간이다. 이 변함없는 것과 당대적으로 변한 현실이 씨줄과 날줄로 짜이면서 역사의 폭을 이어간다.

2000년대 전반기쯤에 발표된 신인 작가들의 작품을 살펴본다. 천운영의『명랑』,『멍게 뒷맛』, 이만교의『너무나도 모범적인』,『나쁜 여자, 착한 남자』, 박민규의 장편소설『삼미 슈퍼스타즈의 마지막 팬클럽』을 대상으로 잡는다.

변하는 것이 없는 경우로 보자면 천운영의 소설들이다. 소재나 주제에서 그러하다. 다만 문체만은 뛰어나게 섬세하고 정갈하다. 산문시에 가까운 분위기를 느끼게 한다.

'명랑'이란 진통제를 상용하는 할머니가 있다. 사람들은 노환으로 죽어간다. 병치레 자체가 전부라면 의미가 없다. 며느리가 꾸려가는 식당이 있다. 닭 백숙집. 생활의 터전이다. 건축공사 인부들의 화투놀이까지 끼어드는 혼잡 속에서 좁은 구석방에 갇히는 할머니의 시선은 "무엇에도 잡히지 않는" 인상적인 것이다. 그 노인이 원래 사다가 찜을 하는 가오리 삭는 냄새, 죽었으나 썩지 않기 위해 제 몸을 삭히는 발효의 냄새, 이것이 노인의 냄새와 같다. 여기에 손녀 계집애의 젊음 자체가 풍기는 향기가 대비되기도 한다.

며느리와 손녀가 찜질방에 간 밤에 일어난 홍수의 사태로 할머니는 흙더미에 묻혀 죽는다. 다시 흙에 묻는 일은 두 번 죽이는 못할 짓이다. 화장을 한 유골의 흰 뼈 가루가 '명랑' 약 가루를 연상시키며, 철없는 손녀의 뇌리에 할머니의 시선이 남는다. 늘 매이는 데가 없던 그 눈빛의 의미가. 죽음은 간단히 잊혀지지 않는다.

하물며 산다는 것은 엄청나게 소중하다. "멍게를 먹으면 살고 싶어져요. 그것도 아주 잘 살고 싶다는 생각이 들어요." 『멍게 뒷맛』의 여주인공이 하는 말이다. 내 몸이 다른 사람의 몸에 보이는 반응이 '사랑'이라는데 색기가 가득한 얼굴, 슬픔이 한 번도 침범한 적이 없는 듯한 아름다운 그녀. 그러나 잦은 부부 싸움 끝에 그녀는 아파트 난간 밖으로 떨어져 죽는다. "그래 당신 이제 만족한가." 그녀의 아름다움을 시기하는 힘으로 살아가던 이웃의 말이다. 이 이웃도 따라서 살 힘을 잃어간다. 겨우 그만큼을 살고 죽는 것을. 죽음에 대해 함께 원한을 지니는 마음이다. '죽음'은 인간 삶의 영원한 주제이다.

2000년대는 자본주의의 시대이다. 자본주의는 단순히 물질주의일까. 이러한 시대에도 인간의 소년기는 순진하고 귀엽다. 이만교의 『너무나도 모범적인』에 나오는 막내아들은 너무나도 성실한 소년이다. 하느님은 한없이 너그러우신 분인데, 그런데도 굳이 어떤 특정 질서나 논리, 섭리 따위를 믿고 지키려고 고지식하게 애쓰는 유형의 사람들이 있다. 더욱이 '역사와 반전'을 믿는 사람들이 있다. 역시 소년 또래이지만 위악의 난폭자, 말썽꾸러기 종범이 형은 고지식한 성직자의 막내 아들을 귀엽게 본다. 주변의 윽박지름으로부터 보호해 주기까지 한다. 그 불량한 종범이의 의젓한 조숙을 이해하는 선에서 이 소설은 비로소 작품이 될 수 있었다.

순진하고 고지식한 소년 주인공으로부터 소설을 출발시킨 작가 이만교는 중편 분량의 『나쁜 여자, 착한 남자』에 이르러 놀라우리만큼 음험하고 집요해진다. 저 깊은 '나락'까지는 한 차례 안다는 자체로써 부연 설명이 필요 없이 득도의 경지를 보여 줄 수 있다는 뜻일까.

　자본주의의 어쩔 수 없는 결점 중에 하나가 뭔지 알아? 그건 바로 선한 사람들보다 악한 인간들이 더 부지런해서 도대체가 사회 정화가 불가능하다는 거지.

　그 배불뚝이 상무 만해도 그래. …… 정말이지 엄청난 정력가야. 사원들을 부품 취급하는 식의 인간성 더러운 것만 빼면, 정말이지 그 부분만 빼면, 꽤나 매력적이라고까지 할 수 있는 인간이지.

　회사 중간간부 부장의 말이다. 이 부장도 태도가 거칠지는 않고 부드럽지만 발랑 까진 해방형의 처녀 사원뿐 아니라 고지식한 요조숙녀형의 유부녀 사원까지 밀실에서 만난다. 그 행위의 구체적 표현도 엄청나다. 해방형 처녀가 말한다. "착하게 사는 건 너무 쉽고 단순하고 지겹고 갑갑해요. 그래서 역설적으로 더 어렵게 느껴질 뿐이죠." 또 이렇게도 말한다. 늘 앓고 있는 부모를 죽이고 싶은 적이 있는데 "기왕이면 교통사고로 죽어야죠." 딸인 자기가 보험금 타기 위해서란다.

　그 부장도 아내와 딸의 교통사고 사망으로 보험금을 충분히 받아 "불행보다 큰 다행인 셈"이라고 한다. 이러면서 "어느 시대나 그 시대가 특히 필요로 하는 인간이 있으며" 그는 세상사는 재미도 한껏 즐겨 보게 된다는 뜻의 말도 한다. 소설의 결론적인 의미가 이런 데서 더 진전된 것이 아무것도 없다. 성공회 성직자의 착하고 고지식한 어린 아들을 주인공으로 하여 출발한 소설집의 끝 부분에 해당하는 내용이 여기에 이르고 만다. 이것이 과연 자본주의 사회 인간형의 전형이라 볼 수 있을까.

또 하나 자본주의 사회를 그린 장편소설로 박민규의『삼미 슈퍼스타즈의 마지막 팬클럽』이 있다. 여기에서도 주인공의 출발점은 소년 시절이다.

"소년이여 야망을 가져라!"

주인공 소년이 지방 도시 인천의 명문중학교에 입학했을 때 아버지가 아들의 책상머리에 가져다 붙여 놓은 말이다. 그런데 이 무렵 한국에 프로야구 구단의 창단 열풍이 불기 시작한다. 야구 그 자체야 좋다. 정치에 대해서는 사람들이 "다 똑같은 놈들이야. 전부 도둑놈들이야" 하고 말할 수 있다. 그러나 야구에 대해서는 그런 말이 성립되지 않는다.

"정치와는 달리 야구에는 원칙과 룰이라는 것이 존재하기 때문이다."

이것이 스포츠의 순수한 매력이다. 인천에 연고를 둔 삼미 슈퍼스타즈 구단이 창단되었을 때 이 지역 중학생들을 비롯해 주민 전부가 열광했다. 경기에서 이길 때에도 질 때에도 소년들은 서로 부둥켜안고 울음을 터뜨렸다.

그런데 이것은 '프로' 야구였다. 바야흐로 한국에도 프로의 시대가 온 것이다. 야구는 프로 야구가 되고, 인간도 프로급 사원 즉 전문인력이 되어야 했다.

"이젠 프로만이 살아남는다." "회사에서 출세를 하려면 가정을 버려야 한다." 이렇게 준열한 압박의 시대가 왔다.

가정에 무심해진 주인공은 아내와 이혼까지 했지만 제3차 구조
조정은 넘기지 못하고 실직자가 되었다. 그 때부터 주인공 '나'는 퇴
직금을 까먹으며 쉬게 되고, 허드레 아르바이트도 해보면서 우연히
사귀게 된 여인은 3명의 애인과 7명의 섹스 파트너가 있다고 스스럼
없이 밝힌다. 나도 놀라지 않는 척하면서 그 여자와 관계를 갖는다.

창단 당시의 삼미 구단은 기록적으로 폐배를 일삼다가 결국 해
체되었지만 그것은 잊을 수 없이 자연스럽고 인간적인 야구였다. 일
본 히로시마 지역 후루에 마을의 야구도 그런 것이었다. 필요 이상으
로 속구를 던지는 투수도 없고 무리를 하는 타자도 없고, 강변 기차
역 창공을 날아가는 작고 때 묻은 야구 공. 이것은 다만 신명의 축제
마당이었다.

주인공과 친구 조성훈과 일본인 인텔리 노숙자 시카에는 함께
편하고 자연스러운 야구를 사랑하는 낭만적 구단을 재구성한다. 저
삼천포 바닷가 좁은 잔디밭에 전지훈련이라고 가서 그들은 구성원
모두의 거침없는 자유행동과 유희를 연출한다. 여기에서 신기할 정
도로 인간성 회복의 행복한 성과를 거둔다. 주인공 나는 이혼했던 아
내와 재결합한다.

장인으로부터 한 푼의 돈도 받지 않았고, 나도 아내도 정말로 서
로를 사랑하고, 아끼게 되었다. 첫 결혼 때에 비해 우리의 재산이 너
무나도 줄었지만, 바로 그 때문에 우리는 참으로 간단하게 행복할 수
있었다. 가진 게 간단하면 인생은 간단해진다. 그리고 아내는 그 간
단한 인생의 한복판에서 임신을 했다. …… 작고도 힘찬 생명의 심장

박동을 느낄 수 있었다.

2000년대 전반 무렵에서도 소설은 또 이렇게 귀결되기도 한다. 『삼미 슈퍼스타즈의 마지막 팬클럽』은 자본주의 문명을 그 어떤 소설보다도 구체적으로 다루었다. 일류대학 졸업, 엘리트 사원 코스, 이혼, 숙명의 감원 선고, 허탈한 휴식, 우유배달 아르바이트, 문란한 이성 체험, 홈리스 노숙자 신세, 이렇게 참담하면서도 이 소설 속의 주인공들은 본질적으로 자포자기에 떨어지지 않는다.

어린 시절, 지는 것을 일삼던 고향의 자연스러운 야구에 울며 사랑하던 인간 본성에 돌아간다. 필요 이상으로 애쓰지 말자. 초인적인 속구와 홈런이 왜 꼭 필요하다는 말인가. 신선하고 경쾌하게 창공을 나는 볼의 탄력 자체에서 함께 즐거워하면 되지 않는가. 그 자연의 요람이 그립다. 그 시절 그곳으로 돌아가 간단하게 살자. 가난해도 오히려 더 사랑하며 행복하게 살자. 그렇게 할 수 있다. 인간은.

이 개연성, 이 가능성, 이것이 자본주의 시대라고 해서 완전히 막혀 있는 것은 아니다. 자본주의 자체가 무조건 최악이라든가 끝장나고야 말 자체모순을 지니고 있다는 생각은 역사상 실패했다. 정당한 사유제는 자유권에 속하며, 시장경제는 창의와 능률을 위해 거부될 수 없다. 다만 부도덕한 독점화, 빈부격차의 증대 현상만은 견제해야 한다. 누가 하는가. 문학예술과 종교와 시민운동과 제3 세계운동이 해야 한다. 미국이 절대적 제국인 것도 아니다. 미국은 경제적 적자 국가이며, 약소국의 자살 공격 앞에 떨고 있다. 문학예술이 변함없이 인류의 진실과 평화를 창조해 나아가야 한다.

정형성의 리듬에 생동하는 언어를 담아

나는 지난 40여 년 동안 문학평론가로 지내왔다. 여러 해 전 어느 자리에서 나에게 이런 말을 하는 분이 있었다. '한국인으로서 문학을 하는 이는 지금 어느 장르에 속해 있든 시조 몇 편은 써야 한다'는 것이었다. 바로 나에게 시조 쓰기를 권고하는 말이었다.

대학 강단에서 한국문학사를 강의하면서 나는 문학사의 단절을 극복하는 대목에 구전문학들이 있었다는 특성에 대해 이야기하곤 하였다. 고려속요와 초기의 시조와 가사가 그러하다는 것이다.

신라의 향가는 음독과 훈독으로 한자를 차용한 향찰 표기법을 썼는데, 그 방법이 쇠퇴하면서 한글이 창제되기 이전의 기간에 나타난 것이 구전문학이었다.

구전의 방식이었는데도 시조는 발생 초기부터 다듬어진 정형성을 띠고 있었던 것이 특이한 점이다. 『청구영언』과 『해동가요』에 채록된 것을 보면 고려 말의 우탁[1263-1342]과 이존오[1341-1371]가 처음으로 시조를 지었다. 우탁이 늙음을 한탄한 시조는 3장 6구체로 되어 있고 종장의 초두도 '백발이 제 먼저 알고'라 하여 3음절과 5음절을 이미 정착시켜 놓았다.

3장 6구의 형식에 대해서도 국문학계에서는 신라 향가 3구 6명체와의 관련을 헤아려 보기도 하면서 민족 시가로서의 오랜 연원에 이어지는 느낌을 가지고 있다. 기승전결이라는 동양 시학과의 영향 관계도 생각되지만, 완성된 하나의 작품 안에서는 자연스러운 의미의 통일성이 더 중요하다. 또 시조를 가리켜 주로 유교적 충의사상이 지배적인 것처럼 보는 이들도 있으나 인간의 삶과 자연을 노래한 보편적 주제가 상당히 포함되어 있다. 우탁의 「백발 노래」라든가 윤선도의 「오우가」 「산중신곡」 같은 시조가 그러한 작품들이다.

이만큼 정연한 규모의 시조 문학이 고려 말엽부터 지어지기 시작해 조선조 고종대 『가곡원류』에 모두어 채록된 것이 8백여 수에 이르렀다. 그 뒤 2천 년대의 오늘에 이른 시조 작품은 수천 편이 넘을 것이다. 이렇게 오랜 역사와 풍요한 자산을 가지고 있는데도 오늘날 시조 문학은 우리 사회에서 활력을 과시하고 있는 편이 못된다.

이와 같은 형세의 이유를 군이 살펴본다면 다음과 같은 점들을 들 수 있을 것 같다. 그 첫째는 너무 오랜 역사에서 낡았다는 인상을 느낄 법하다. 두 번째로는 3장 6구의 정형성에서 구속감을 느낄 법하다. 세 번째로는 오늘날 시조인들 자신이 전통 시조의 정형성을 허물어서 행을 분절하고 연의 구성도 일정치 않게 함으로써, 이것이 시조인지 자유시인지 얼핏 분별이 안 된다는 것이다. 이렇게 혼란을 자초해 놓고 시조가 홀대 받는다고 불만을 표한다면 이것은 모순이다.

달리 생각해 보건대 시조의 오랜 전통은 민족 고유의 개성 있는 시 형식을 세계에 과시할 수 있다. 고유의 전통시 형식을 가지고 있다는 것이야말로 문화민족을 증명하는 자산이다. 정연한 정형성은 원래 악센트와 두음·각운 등의 언어 구조를 거의 가지고 있지 않은 한국어 시에 일정한 리듬 효과를 주는 장점이 있다.

오히려 시조시인은 안정되고 리듬 효과가 있는 틀에 오늘의 생동하는 삶과 의미를 잘 다듬고 순화해 대입함으로써 더욱 격조 높고 흥취 있는 시를 쓸 수 있다. 이러한 관점에서 한국의 현대 시조는 의식적으로 원래의 정형성을 충실히 살리는 노력들을 확대해 나아갈 필요도 있을 것이다.

또 한 가지 문제는 오늘날 원숙한 경지에 있는 시조들도 주제의 성격을 보면 많은 경우가 애상적 정한과 자연 서경의 범위를 벗어나지 못하고 있다는 것이다. 일상의 살아 있는 구체성과 사회적 현실의 문제도 시조가 다룰 수 있다. 언어의 질이 좋으면 문학이 다룰 수 없는 소재는 없다.

이렇게 생각하면서 나는 시조도 쓰기로 마음먹게 되었다. 생뜨뵈브가 일찍이 비평도 창작이란 말을 하기는 했으나, 그래도 보다 직접적 창작인 시조를 계속 발표해 나아가려 한다.

한가문연 소책 003

좋은 언어로 세상을 채워야

교회인가 | 2014년 5월 20일(의정부)
초판 1쇄 발행 | 2014년 6월 3일

지은이 | 구중서
펴낸이 | 이연수

펴낸곳 | 꼬무니오
신　고 | 제313-2011-240호(2011년 8월 29일)
주　소 | (121-848) 서울시 마포구 서교동 475-13 원천빌딩 6층
이메일 | commonlifebooks@gmail.com

공급처 | 도서출판 평사리
전　화 | 02-706-1970
팩　스 | 02-706-1971

ⓒ 구중서, 2014
ISBN 978-89-98340-02-5 (03230)

* 책값은 표지 뒤쪽에 있습니다.
* 파본은 본사와 구입한 서점에서 교환해 드립니다.
* 이 책은 저작권법에 의하여 보호를 받는 저작물이므로 무단 전제와 복제를 금합니다.

이 도서의 국립중앙도서관 출판시도서목록(CIP)은 서지정보유통지원시스템(seoji.nl.go.kr)과
국가자료공동목록시스템(www.nl.go.kr/kolisnet)에서 이용하실 수 있습니다.
(CIP제어번호 : 2014016627)